Tao para la vida diaria

La luz del Todo y la Nada

Tao para la vida diaria

La luz del Todo y la Nada

T'sao Chan

Diseño de cubierta y maquetación: Saul Rojas

Edita: Plutón Ediciones X, s. l.,

E-mail: contacto@plutonediciones.com
http://www.plutonediciones.com

Impreso en España / Printed in Spain

I.S.B.N: 978-84-10233-54-6
Depósito Legal: B-17859-2024

Para el Doctor Yuri Tapia Ribas,
Que, sin saberlo ni pretenderlo,
es un médico del alma.

Prólogo: El Todo y la Nada

El Tao que puede nombrarse no es el Tao eterno.
El nombre que puede nombrarse no es el nombre inmutable.
La no existencia es el principio del cielo y de la tierra.
La existencia es la madre de todo lo que hay.

Cuando se lee a algunos sabios de la antigüedad, a veces parece que se está leyendo alguna noticia sobre física cuántica.

El todo.

La nada.

La existencia.

La no existencia.

La plenitud.

El vacío.

La energía que lo preña todo.

Las divisiones infinitas de la materia orgánica e inorgánica.

El cosmos como una entidad viva.

El tiempo como dimensión física.

El tiempo relativo.

La velocidad de la consciencia entrelazada que

llega a cualquier parte del multiverso en el mismo instante porque está todo entrelazado.

Y todo ello sin utilizar difíciles conceptos ni cálculos matemáticos que muy pocas personas pueden entender, si no, como decía Lao Tse, con la mayor simplicidad del mundo y de tal manera que todos lo entiendan.

El Todo lo contiene absolutamente todo, incluso a la Nada.

La Nada contiene al Todo, porque ya es algo siendo nada.

Todo está interconectado, tanto en lo microscópico como en lo macroscópico; y tanto en lo personal e interno, como en lo interpersonal y externo.

Sencillo y simple, sí, pero a veces marea el pensar que somos una parte infinitesimal de un mundo, universo o cosmos mayor.

Incluso que nuestro universo es solo parte de una estructura mayor o superior, haciéndonos más pequeños de lo que ya somos, aunque siendo pequeños, como la Nada, ya somos algo.

Hay quien tiene miedo o se marea con la idea de infinito, científicos incluidos, y piensan, creen y hasta hacen proselitismo de lo finito, de lo que se puede ver y contar, de lo que no está más allá, y, si está más allá, debe tener una explicación, más que filosófica o científica, divina, una inteligencia creadora o algo similar que le dé cierto sentido a la existencia propia y ajena, de este mundo y del universo entero, porque pensar que no hay un principio y un final para todos y para todas las cosas, les aterra.

Pensar que todo es un ciclo que se repite infinitamente, y que no tiene un sentido como el que imaginamos que debería tener, pues todo simplemente cumple su función y se transforma constantemente eón tras eón, eternidad tras eternidad, siglo tras siglo, y que a veces cambia muy poco, o casi nada, para volver a ser más o menos lo mismo, asusta a muchas personas que preferirían un comienzo y un final concreto, con un dios, o dioses, creadores y responsables de este invento al que llamamos vida.

O si, como piensan algunos naturalistas, por lo menos no tuviéramos consciencia de nosotros mismos ni este tipo de inteligencia que nos lleva a preguntarnos sobre nosotros mismos y el universo que nos rodea.

No sabemos si los animales son conscientes del todo de ellos mismos, si se preguntan su origen y su papel en este mundo, porque desde nuestra perspectiva, generalmente narcisista y androcéntrica, nos creemos superiores y, al observarlos, no vemos en ellos preocupaciones filosóficas, religiosas, supersticiosas o esotéricas, aunque sabemos de su inteligencia, comportamiento y hasta lenguaje, porque celan, aman, odian, se organizan y hasta crean estrategias, pero no parecen demasiado preocupados por el devenir de la existencia.

Tal vez tienen sus propias cuitas filosóficas, pero no nos las comparten para no asustarnos más de lo que ya estamos ante la inmensa magnitud del universo y de este fenómeno al que llamamos vida.

Si tiene nombre, dice Lao Tse, no es verdadero,

porque el nombre como identidad desvirtúa al verdadero ser, que no tiene nombre ni identidad, porque le basta con ser, y a veces con ser y estar, porque de ser, lo es siempre.

Lao Tse, el "Anciano Sabio"

Por tanto, la vida no es la verdadera vida cuando la llamamos "vida", sino un pálido reflejo de lo que verdaderamente es, y que la mayoría de los seres humanos, entre ellos yo, no alcanzamos a comprender.

Quizá lo animales, que no nominan ni se preocupan de llamarle cielo al cielo, agua al agua y estrellas a las estrellas, son más conscientes que nosotros, los presumidos seres humanos, y por eso no se hacen preguntas innecesarias.

Obviamente, saben lo que es la vida y se defienden para no morir prematuramente, y sufren cuando se les lleva al matadero, además de tener sensaciones, emociones y sentimientos, pudores y hasta cierta moral o ética de comportamiento en sus relaciones con sus hermanos y con el mundo en el que están viviendo, cosa que no hacen muchos humanos; pero no parece que se pregunten qué pasará después de muertos, como si ya tuvieran asumido que la muerte es solo un paso más en el trayecto de la existencia, porque nada muere realmente del todo, sino que se transforma permanentemente.

Cuando sepamos hablar, escuchar y entender el idioma de nuestros hermanos y compañeros de planeta, lo sabremos, mientras tanto solo especulamos sobre lo que pueden ser sus verdaderos pensamientos.

T'sao Chan nos presenta en esta ocasión todas esas cosas del sendero (el Tao) que tanto le gustan a él, y que a muchos occidentales nos atraen, pero que no conocemos del todo, y que a veces hasta nos dan algo de miedo, tanto por el vértigo de la verdad, como porque a veces nos desnudan y nos muestran mucho más imperfectos, avariciosos, cobardes, mentirosos, hipócritas, incongruentes, sucios, violentos, pendencieros y cosas por el estilo, de lo que nos creemos, no en vano los grandes pensadores de hace un par de milenios, o algo más, nos vienen señalando el Sendero (el Tao) para que seamos por lo menos un poco mejores, y la mayoría de nosotros no les hacemos caso, aunque a veces los estudiamos o los leemos.

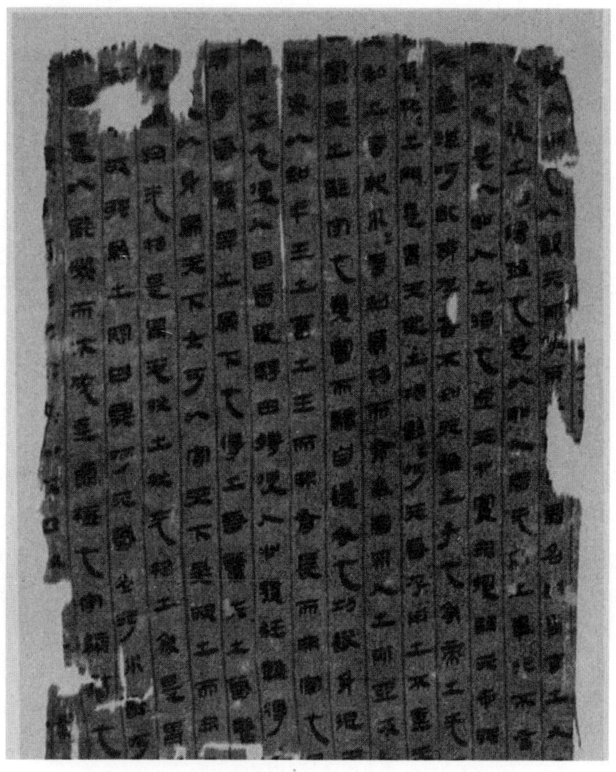

Detalle del texto del Tao Te King

T´sao Chan, siguiendo los pasos de Lao Tse ("anciano sabio"), nos dice que todos, absolutamente todos, somos parte del Todo y de la Nada, y, por lo tanto, debemos de tener una perspectiva holística de nuestra vida diaria en todos los planos de la existencia, desde el amor hasta la salud, y desde la abundancia hasta las emociones y los sentimientos, porque todo depende de todo y nada actúa de manera independiente, así que el tener solo una cosa, salud, dinero o amor, no basta, sino que hay que tenerlo todo, y para tenerlo todo hay que buscar y encontrar el equilibrio entre todas las cosas importantes y aparentemente no importantes de nuestra existencia y de nuestra vida diaria, como propone el *Tao Te King* escrito por Lao Tse hace casi tres mil años.

Sí, somos parte de la plenitud, pero también somos parte de la Nada, del vacío, y debemos ser conscientes de ello para no desviarnos del sendero. Hay muchos caminos para llegar a la cumbre, quizá tantos como seres humanos hay en el mundo, pero también hay obstáculos, desvíos, sin razones que nos pueden retrasar o llevarnos a ciclos y repeticiones poco agradables, con las que entorpecemos no solo nuestro camino, sino el de toda la humanidad, de la naturaleza y hasta del inmenso cosmos por increíble que parezca, como en el "efecto mariposa" y crear de un mal aleteo toda una catástrofe en el fondo del universo.

Procuremos volar con armonía, nos dice T'sao Chan, pero sin dejar de comprender que somos materia y que también debemos caminar con firmeza por la superficie del planeta en el sendero correcto.

Dr. Javier Tapia

Introducción: ¿Qué es el Tao?

El sendero (Tao) hacia el cielo
es saber vencer sin combatir,
responder sin hablar,
atraer sin llamar,
y actuar sin agitarse.

El Tao es el camino.
El Tao es el sendero.
El Tao es el viaje por esta vida.
El Tao es la vía del universo entero o multiverso.
El Tao es poesía.
No hay rincón a donde no llegue el Tao.
Tanto en el ser como en el no ser se encuentra el Tao.
El Tao es el Todo y la Nada.

Los principios elementales del Yin y el Yang son el Tao, y no solo como diferencia de sexos o de géneros, femenino y masculino, sino como los contrarios que se atraen y complementan, como la fuerza de los imanes, como los extremos, como la vida y la muerte, como el frío y el calor, como la plenitud y el vacío, y hasta como lo dulce y lo salado.

Nada es de una sola pieza en el Tao, todo tiene su par, su complemento, que puede ser desde una persona hasta un concepto.

El Tao es un relato de la vida, un cuento, un aforismo, unos versos, un consejo que a menudo parece ambiguo cuando en realidad es complementario porque es capaz de ver las cosas desde distintas perspectivas.

El Tao no es determinista.

El Tao no es relativista.

El Tao es holístico.

Lao Tse es su más reconocido maestro.

Tao, el Sendero

A lo largo del presente libro veremos muchas de las frases, consejos, versos, cuentos y hasta recetas de lo que es el Tao de la vida y la existencia, desde lo referente a la salud, la abundancia y el afecto, hasta su relación con el pensamiento, el alma, la vida y la muerte, e incluso con el espíritu que se nos escurre entre los dedos del entendimiento.

El simbolismo del Tao, que a veces parece incomprensible, se debe a que usa expresiones del Feng Shui, como baguas (puertas), yin—yang (principios femenino y masculino), Qi (centro vital), buey (el animal mítico que lleva a las almas a su morada celestial cuando se ha muerto), que entiende fácilmente quien conoce la astrología china y sus fundamentos, pero que parecen sin sentido para los legos, por lo que intentaré ser claro en estos aspectos.

Feng Shui, lenguaje del Tao

Más allá de la cultura china y del lenguaje propio de Lao Tse, que tenía sus modismos y lugares comunes de la época en que vivió, probablemente entre los siglos VII y V anteriores a los calendarios occidentales, también gozaba de un buen humor, y a menudo lo utilizaba para "aconsejar" a los soberbios y a los poderosos, y así señalar sus defectos sin que los aludidos se sintieran ofendidos, o a la gente común, que se amparaba en la ignorancia para no cumplir con los preceptos de Confucio, y por ello utilizaba las figuras retóricas del Feng Shui que no estaban (ni están) al alcance de todos.

Por ejemplo, en el siguiente cuento, un señor comerciante le pregunta a Lao Tse:

"¿Cómo puede incrementar mis beneficios, maestro?"

"Si quieres resolver ese problema, ve por las llaves de la rata".

"¿Llaves de la rata?, maestro, pero si no hay puertas ni ratas en mi pregunta."

"Las hay, aunque no las veas, y por eso, ciego e insistente, no puedes resolver el problema."

La Rata es el signo astrológico chino de la astucia y la abundancia, del estudio y de los viajes, del gran comercio y del don de lenguas, las llaves hacen referencia al bagua (puerta) Qian, que representa a la Señora y a la administración de los bienes y la abundancia, pero el comerciante no lo sabía y no entendía a Lao Tse, que le decía sencillamente que cuidara más la administración interna de sus negocios, que en la fácil ambición de esperar más ganancias, o, en otras palabras, "no importa lo que ganas, sino cómo lo administras y el valor real que le das".

La mayoría de las frases, cuentos y poemas del taoísmo son claros y sencillos, y los puede entender toda aquella persona que tenga oídos o que sepa leer, y solo unos cuantos, sobre todo los consejos dados a ricos, poderosos y gobernantes, a menudo tienen un sentido ulterior, y hasta un doble sentido, disfrazados de pensamientos elevados en el lenguaje del Feng Shui, por lo que no habrá que explicarlos todos, ni mucho menos, porque la cabra tiene más llaves en la cocina de las que aparenta (las personas normales y sencillas son más astutas de lo que parece y entienden mejor las cosas).

Por tanto, sean bienvenidos y bienhallados a las puertas del sendero hasta donde conduce el Tao, una filosofía un poco diferente a lo que otras filosofías, elevadas o no, nos tienen acostumbrados casi en todo el mundo gracias a la colonización o globalización, pero que es más frecuente para los occidentales, porque el Tao no da consejos imposibles de seguir ni proclama nombres ni culto a la personalidad, ni recomienda comportamientos o renuncias que no se pueden conseguir, sino que es sabio, sencillo y realista.

El Tao no ofrece soluciones milagrosas, pero sí pensamientos potentes que pueden hacer parecer a la vida y a la voluntad personal como cosas de magia, cuando no hay más magia que tener paciencia manteniéndose activo, ni más milagro que la aplicación holística de la voluntad.

El zen tradicional, no el famosos y manido budismo zen, va un poco más allá, pero respeta al Tao por encima de todas las disciplinas del pensamiento, y sigue de manera intuitiva y espontánea casi todos sus preceptos, unos preceptos que a todos y cada uno de los seres humanos pueden servirles de utilidad para la vida diaria y, quién podría saberlo, también para la vida ulterior que se encuentra más allá de la presente experiencia existencial.

Esperemos que así sea.

I

Lao Tse,

el fundador del taoísmo

No soy el que nombran,
porque lo que se nombra
no es verdad, sino sombra
de sí mismo y de los demás.

Hay muchas leyendas sobre Lao Tse, pero muy pocas realidades, o, al menos, no aparece en los abundantes textos de la China milenaria que hablan de todo tipo de personajes, reales y ficticios, legendarios o históricos.

Lo poco que se sabe es ambiguo, a veces contradictorio y fuera del espacio tiempo al que estamos acostumbrados en Occidente, ya que algunos lo sitúan en el siglo VII antes de nuestra era, y otros lo colocan tres siglos más tarde, y aunque parece que murió bastante anciano, por las representaciones gráficas que hay de su persona, no es del tipo de seres legendarios que vivió trescientos años, solo unos cien, más o menos.

Es posible, según algunos investigadores, que "Lao Tse" sea más un título que el nombre de una persona, pues quiere decir "Anciano Sabio", y viejos profesores hay muchos a lo largo y ancho de la China milenaria; de hecho, casi todo profesor, monje o santón chino, es un anciano sabio que se dedica a instruir a los más jóvenes que andan en busca de la verdad.

Lao Tse sobre el Buey que lo lleva al Más Allá

Toman como cierto que es el autor del *Tao Te King*, pero tampoco sitúan el texto en un tiempo concreto, aunque lo más probable es que haya aparecido en el siglo III antes de nuestra era, rescatado por alguna de las escuelas de Tao que ya había en Oriente por aquel entonces.

Las referencias que Lao Tse hace en su libro sobre el Feng Shui y a la astrología china de solo 8 signos y un Qi central, pueden situar al Tao, como pensamiento filosófico, en épocas muy lejanas, pero el parecido con algunas de las enseñanzas de Confucio lo sitúan precisamente entre los siglos VII y IV antes del calendario occidental común, aunque no precisan en qué momento de esa holgura de trescientos años, si bien la actual tradición china lo sitúa en el siglo VI y lo hace un importante contemporáneo de Confucio, del cual si hay múltiples registros históricos (de Lao Tse solo hay uno, y no concreto), quizá para darle a Lao Tse la importancia que no se le dio en su momento.

También pudo ser contemporáneo de Buda en el siglo VI, aunque el budismo tardó en llegar y diseminarse por todo Oriente, y lo hizo ya contaminado o sincretizado por las creencias locales de cada región oriental, muy lejos del pensamiento de Lao Tse, de las ideas de Confucio, y hasta de los ideales y propuestas espirituales del mismo Siddhartha Gautama, el Buda original.

Su nombre propio pudo ser Li (de apellido), y Er (de nombre propio), Li Er, en suma, aunque la crítica salta a la vista al señalar que la letra "r" prácticamente no existe en el idioma chino.

También pudo llamarse Bo Yang, nombre de uso social y cortés, más un apodo que un nombre propio, e incluso Lao Dan (Nacido Anciano), como nombre póstumo, haciendo referencia a su sabiduría desde muy temprana edad.

Para Lao Tse nada de eso importaba, ni cómo le decían ni cómo le llamaban y mucho menos cómo lo consideraban los demás, aunque lo agradecía, en la inteligencia de que siempre llamamos al otro, para bien o para mal, como reflejo de uno mismo.

"Vemos en el otro lo que queremos ver en nosotros mismos", diría Lao Tse, y le damos importancia o descrédito desde nuestros propios prejuicios o deseos, sin importar la verdad ni la realidad de las cosas.

No conocemos al otro, y sin embargo hablamos de él, lo ensalzamos o lo criticamos, tanto si es el vecino como si es un personaje famoso, un gobernante o un viajero al que apenas hemos visto.

Le ponemos nombre a todo.

Hasta los días tienen nombre, según nosotros, cuando es muy probable que los días no tengan ningún nombre en particular más allá de día, o tiempo en el que brilla el sol, lo contrario de la noche, y mil epítetos más con los que construimos nuestra aparente realidad, sin saber si esa es la verdadera realidad de los fenómenos, las cosas y, por supuesto, las personas.

"La identidad no es más que una máscara de refuerzo para el inseguro ego", pero no por ello deja de ser muy importante para muchas personas que creen que en el nombre llevan la fama, que pertenecen a un país o a una región por haber nacido ahí y que le deben

honores a un rey o a un gobernante porque es el que manda sobre ese territorio en particular.

La identidad es prácticamente del todo arbitraria, o incluso falsa, y Lao Tse prefería no tener nombre ni ser conocido por nadie, a tenerlo:

"La fama, aunque dé de comer, es vacua, porque alimenta más a la vanidad que a la verdadera alma".

Monumento a Lao Tse, dinastía Tang

Durante su vida, Lao Tse, posible archivero bibliotecario durante el reinado de la dinastía Zhou, huyó de la fama y del reconocimiento, aunque aceptó discípulos que quisieran aprender de él o seguir sus pasos; pero no pudo evitar que casi un milenio más tarde, durante la Dinastía Tang (siglo VI de nuestra era), se le rescatara, se le diera fama, se le nombrara fundador del taoísmo y hasta ancestro de la dinastía Tang, llamándole Lao Tang en lugar de Lao Tse.

EL *TAO TE KING*

Con todos mis respetos, y quizá debido a mi gran ignorancia, cuando veo escrito "Dao" en lugar de Tao, siento que algo se remueve en mi interior, pues no conozco chino alguno que pronuncie la "d" como tal, sino una especie de mezcla entre la "t" y la "d", más cercana a la gutural "t". Pero no hay que espantarse ni debería extrañar a nadie que las acotaciones inglesas pasadas al castellano den lugar a todo tipo de diferencias a la hora de escribir una palabra china, que no se parece casi en nada a la pronunciación original.

El *Tao Te King* sufre este tipo de curiosidad, ya que en Occidente cada autor, escritor, experto, estudioso o simple lego, lo escribe e interpreta el significado de su título y de su texto interno como bien le parece.

"Sendero (Tao), virtud (Te) y escrito (king)", sería el titulo literal, pero no falta quien le agrega un "sagrado", "celestial", "libro", o lo que sea, cuando no tiene nada de sagrado ni de apelación a divinidades o dioses, sí a otra vida tras la muerte, significando que nada muere porque todo está en perpetuo cambio y movimiento; y lo de "libro" cuando no había libros propiamente dichos, sino textos y escritos, compendios y rollos, lleva generalmente a confusión o a hacer pensar al lector que las formas occidentales son universales, cuando no lo son en absoluto.

Hechas estas aclaraciones, hay que mencionar que

el *Tao Te King* es tan mítico y misterioso como su posible autor.

La verdad es que no se sabe quién lo escribió.

Los estilos de escritura difieren de un mensaje a otro, dándole un carácter ambiguo, cuando no contradictorio, al grueso del texto.

Parece, por tanto, escrito por varias manos y en diferentes épocas, y no por una sola persona, ya que hay referencias místicas antiguas, filosofía naturalista y hasta cierto confucianismo normativo, tanto para la vida diaria, como para el orden de gobierno y, por supuesto, la espiritualidad.

El Tao Te King sobre láminas de bambú

Eso en el caso del original escrito sobre láminas de bambú, porque en las traducciones, recopilaciones y compilaciones, no faltan diversas interpretaciones, recortes y añadidos, que si bien no desvirtúan del todo el contenido ni el pensamiento taoísta, sí cambian el sentido de lo que pudiera haber dicho y escrito Lao Tse, quien diría que no importan las modificaciones ni interpretaciones que se haga de sus pensamientos, porque precisamente eso es el Tao, el vacío siempre en movimiento que los seres humanos intentan, casi siempre sin lograrlo, con sus propios pasos.

"Mientras quede la esencia, el resto es solo manifestación y movimiento que aparece y desaparece, que viene y va."

¿Quién era, o fue, Lao Tse?

No importa.

¿Quién o quiénes escribieron el *Tao Te King*?

Tampoco tiene importancia.

Lo importante, sobre todo para el Tao, es que es y está, que existe y se puede leer e interpretar, seguir o no seguir, comprender o no comprender, en la eterna dualidad de los contrarios que de vez en cuando encuentran el Camino del Medio y consiguen la armonía y la plenitud en este enorme vacío que es la existencia.

El nombre de una persona, el nombre de un autor, es lo de menos.

El culto a la personalidad es un error.

El pensar que el otro es el enemigo o el gran maestro, es un error.

Lo único real y verdadero es el propio Tao, el propio sendero, procurando lo mejor para uno mismo, que es la única manera, a pesar de todo, de procurar lo mejor para los demás.

Confucio, ¿contemporáneo de Lao Tse?

Se cuenta que Lao Tse y Confucio se encontraron y discutieron sobre el sentido del Tao, y que Lao Tse salió ganador de la discusión, cuando Lao Tse no discutía con nadie, pues sabía que no se puede convencer a nadie si esa persona no se convence a sí misma, y que todos merecen respeto con respecto a sus luchas, pensamientos, creencias, razones y sin razones, tanto Confucio como el más humilde campesino y hasta el emperador, porque la verdad es que todos aprenden por sí mismos y escogen lo que creen o piensan que es mejor para ellos en ese momento, así que de nada sirve tratar de convencerlos de otra cosa.

¿Es el Tao una religión?

No, en un principio el Tao no es una religión, sino una filosofía existencial, una forma de recorrer la vida. Otra cosa es el taoísmo que ha derivado de las enseñanzas escritas de Lao Tse.

En un principio no tiene dioses ni demonios.

Carece de cielos, infiernos o nirvanas.

No hay castigos por haber llevado una mala vida, ni premios especiales por llevar una buena vida presente, porque cada quién es consciente de lo que hace, piensa y siente, y lo pondera o lo justifica como mejor puede, y lleva sus propios premios y castigos en la presente existencia.

Ni siquiera es como mi adorado zen tradicional, porque no contempla la total inactividad como modelo o principio espiritual, y sí contempla las formas de gobierno y de relaciones humanas.

Hay, y ha habido, escuelas taoístas de orden religioso, por lo menos desde hace dos mil cuatrocientos años, y durante la dinastía Tang, fue religión del estado, pero el Tao en sí mismo nunca ha pretendido religar o coaligar a las personas alrededor de un Tótem, una Divinidad o un Culto, pues más bien está en busca de la verdad, la realidad y la consciencia, que en pos de una salvación espiritual o de una creencia sagrada, divina y seductora.

En el Tao se practican ejercicios físicos, como el Tai Chi, o Tai Qi.

Meditación trascendental y no trascendental.

Desarrollo del pensamiento.

Trabajo individual o de equipo.

Artes y ciencias, incluso política, pues se apuesta por el conocimiento.

Acepta simpatizantes, no discrimina a nadie, a pesar de que ciertas escuelas taoístas modernas se han vuelto un poco fanáticas y cerradas.

Es tolerante con las creencias, aunque siempre insiste que es mejor conocer la verdad que tener fe o creer en alguien o en algo.

No pide limosnas ni ofrece ni vende milagros, en la inteligencia de que las personas deben aprender a conseguir sus propios bienes materiales y sustento, sin medrar sobre otros y sin parasitar a nadie.

Sencillez, humildad y armonía.

Simpleza, bondad y acción.

Paciencia, tolerancia y comprensión.

Contemplar, aprender, enseñar.

Conocimiento, contemplación y valor.

Libertad, hermandad e independencia.

Perseverancia, disciplina y transformación.

Realidad, verdad y observación sin cerrar los ojos a nada ni a nadie.

Unicidad, diversidad, conjunto, o atracción, unión y dispersión de los contrarios.

Negación de la negación, aceptación de la aceptación, y plenitud del vacío.

Siempre tres preceptos para enfrentar la existencia, porque son preceptos básicos y como la vida misma, por lo que no hace falta que el Tao sea en absoluto una religión más para aprovecharse, de una o de otra manera, de la ignorancia ajena.

El Tao, y por ende en un principio el taoísmo, es una escuela de pensamiento que se ha dividido en varias ramas, algunas de ellas con pretensiones proselitistas religiosas, y otras tan libres como la escuela que iniciara el Anciano Sabio, Lao Tse.

Sin embargo, con el tiempo se convirtió en una religión con toda la parafernalia que las religiones exigen, como tener un dios: Tien Kung, o Abuelo Celestial.

Como escuela y filosofía aparece en el siglo IV anterior a nuestra era, pero como religión no lo hace hasta el siglo VI de nuestra era en la dinastía Tang, para sumarse al budismo y al confucianismo como religión oficial de China.

Por tanto, una cosa es el Tao, camino, sendero o vía de conocimiento de la existencia y la vida, y otra muy distinta, aunque se base en el Tao, las ramas religiosas del taoísmo, porque también hay ramas del Tao que continúan siendo lo que fue el Tao en un principio: una escuela de pensamiento filosófico taoísta, sin Emperador de Jade que valga.

Tiene Kung, Abuelo Celestial

TAO PARA LA VIDA DIARIA

Para el Tao la vida es maravillosa, una experiencia vital, hermosa y enriquecedora en todos los sentidos y a pesar de todos los males y pesares que pueda contener, porque todas son experiencias impagables, aunque y por supuesto, vivir en armonía, abundancia, amor y felicidad, es aún más hermoso y satisfactorio.

El Tao no niega la espiritualidad y la posibilidad de otra vida o de una existencia continua tras la muerte física, pero sabe que, ahora y de momento, la verdad es que es más importante la vida presente que las posibles existencias venideras.

El Tao es para el hoy y el ahora, y lo que venga después de esta vida ya se verá.

Por supuesto, y de manera holística hay que cuidar cuerpo, mente, alma y espíritu, porque son un uno y un todo, una plenitud, a la vez que son nada y la nada, un vacío que se está llenando eternamente y que debemos seguir llenando, aunque parezca que no tiene fondo ni final, porque esa es nuestra tarea.

Tai Chi para el cuerpo y el alma

En el Tao la práctica del Tai Chi es habitual, porque es una forma holística de mantener sano el cuerpo, la mente y el alma.

Ninguna cosa es más importante que otra, todo está unido, y una buena, sencilla, agradable y armónica vida cotidiana, hace que la mente, el cuerpo, el alma y el espíritu crezcan y se liberen en conjunto.

II
El Tao y el amor

El amor
es uno de los ocho
fundamentos del universo
y de la humanidad entera.

"No hay amor verdadero", dice Lao Tse, "lo que hay son vacíos y deseos insatisfechos, porque el verdadero amor no tiene deseos, es libre y magnificente como el viento".

Desde la perspectiva del Tao, lo que comúnmente se denomina como amor realmente no es amor, pero funciona, tanto por creencias, por necesidades y por sensaciones, o sentimientos, y a nivel humano es tan válido como cualquier otra emoción o sentimiento.

En este orden de ideas, el amor que conocemos y practicamos se basa en tres fundamentos:

—*Sexo, o las necesidades del cuerpo.*

—*Emociones, o las necesidades del alma.*

—Pensamientos, o las necesidades de la mente.

El amor sexual busca la unión del Yin y el Yang, para producir un nuevo ser o tan solo para pasar el momento y satisfacer al cuerpo con el orgasmo y la eyaculación, o simplemente para satisfacer al ego incluso si no hay conjunción y todo queda en excitación, fantasías, sueños o deseo.

El amor sentimental puede tener sexo o no tenerlo, ser productivo o no serlo, porque lo que busca es la satisfacción anímica de sentirse querido o deseada, buscado o buscada, con cierta correspondencia entre las partes, aunque muchas veces solo es una de las partes quien realmente lo experimenta o lo siente.

La amistad y la fraternidad pueden formar parte de este tipo de amor con o sin deseo sexual de por medio.

La empatía, la simpatía y hasta la admiración o el reconocimiento hacia el otro o hacia otros, son parte de esta especie de amor que no requiere de confirmación y se expresa de manera univoca: "Yo te amo, aunque tú ni siquiera sepas que existo".

La aceptación también forma parte de este tipo de amor, y se puede decir que uno ama todo aquello que acepta, e incluso todo aquello que no odia y no conoce, o que odia tanto que le presta obsesivamente su atención e intenta conocerlo y comprenderlo y, por lo tanto, lo ama apasionadamente.

El amor sentimental, o emocional, está en todos los seres vivos, no solo en los humanos, y hasta es posible que esté en todas las cosas, incluyendo a la misma Tierra, pues es un ser vivo que ama y odia, o ignora: nos ama cuando todo está en orden o en calma, pero puede odiarnos cuando le hacemos daño o ignorarnos del todo con inundaciones, terremotos, erupciones de volcanes o cualquier catástrofe a la que llamamos "natural".

Todo aquello a lo que le damos cierta importancia refleja lo que sentimos, lo que queremos, lo que ansiamos o lo que tememos, por lo que es puro amor, aunque no siempre amor puro.

Por tanto, se aman a las cosas físicas tanto como a las ideas, y a las personas como a los animales, de la misma manera que a veces los despreciamos o los odiamos, simple y llanamente porque les damos importancia.

Es por eso que el amor es una de las fuerzas universales que mueven al cosmos, no la única.

El alimento del alma son las emociones, y el amor es uno de los platos preferidos por nuestro ser sentimental, y si sentimos amamos, incluso cuando odiamos o no queremos amar.

Los amores son tan diversos como culturas hay en el mundo, pero todos se basan en nuestra capacidad de sentir, así como de atraer o de repudiar.

En el caso del amor intelectual, el que proviene del pensamiento, también puede haber sexo y sentimientos, pero es más selectivo porque intenta regirse por el uso de la razón sin dejarse arrastrar por el sexo o por las emociones.

El cerebro piensa, analiza, discurre, pero también juzga, desconfía y rechaza, e intenta seguir el sendero de lo correcto, aunque a veces "lo correcto" es solo cultural o contextual, e incluso prejuicioso, clasista, racista y contrario a todo lo que le parezca inmoral, feo, grotesco, desagradable, injusto, aberrante o simplemente fuera de su ambiente "natural".

Sí, pretende ser racional a la hora de recibir o de entregar afecto, aunque no siempre lo logra y acaba amando lo más abyecto, aunque solo sea para compensar la atracción de los contrarios, disfrazado de rebeldía o trasgresión.

La mente busca amar a quien le conviene, pero a menudo se equivoca y acaba amando precisamente a quien menos le conviene.

¿SUFRIR ES AMAR?

No necesariamente, pero hay quien, si no sufre, no vibra, y si no vibra, no siente, y si no siente, no ama, y por lo tanto sufre de toda clase de males cuando se enamora o cuando ama, sobre todo de inseguridad.

No se sufre exactamente por amar, sino, casi siempre, por no ser amado o por no ser correspondido, y más raramente por ser amado y no poder responder al amor que se nos declara o que se nos entrega.

El Yang está más acostumbrado al rechazo, y se lo toma con menos sufrimiento que el Yin, pero a nadie le gusta ser descartado de una relación afectiva, tanto de pareja como de familia o de amistad.

Todos nos creemos con derecho a ser amados, aceptados por los demás, y, sobre todo, por la persona a la que le declaramos nuestro amor; de la misma manera que nos creemos con el derecho de rechazar a las personas o persona en particular que pretende nuestro cariño.

El amor humano muchas veces es egoísta y hace daño, sin importarle el sufrimiento de la persona rechazada, engañada o traicionada, porque solo le importa y le interesa el daño afectivo que puedan hacerle los demás.

El amor por sí mismo parece un sentimiento hermoso y encomiable que no daña a nadie, pero en la práctica puede convertirse en una herramienta mal manejada o en un arma arrojadiza que daña a quien espera ser amado.

Si al amor le agregamos otras emociones o sentimientos como la venganza, la revancha, el odio soterrado, el interés material o la exclusiva satisfacción personal sin tener en cuenta al otro o a los otros, puede convertirse en un pozo sin fondo lleno de sufrimiento o en una obsesión enfermiza que daña tanto al alma como al organismo entero, tanto, que se puede matar o morir de amor materialmente.

Lealtad o fidelidad

Depende del tipo de amor, puede existir tanto la lealtad como la fidelidad.

En el amor sexual casi es imposible tanto la lealtad como la fidelidad, porque no piensa ni es anímicamente sensible, es solo una necesidad hormonal que el cuerpo busca satisfacer de una o de otra manera, como sea y con quién sea.

En el amor emocional puede haber más fidelidad que lealtad, mientras este amor dura y se mantiene cerca y presente, y siempre más por una de las partes implicadas que por la otra, ya que se puede seguir siendo leal a pesar de caer en varias infidelidades de índole sexual, y por eso no es raro que una de las partes acepte la o las infidelidades de la otra parte, siempre y cuando se mantenga la lealtad o el compromiso.

La lealtad, más que la fidelidad a ultranza, suele darse más en el amor que pretende ser racional o intelectual que en otro tipo de amores o de relaciones, pues no se basa en necesidades emocionales ni sexuales.

¿CUÁNTO DURA EL AMOR?

El verdadero amor es eterno y universal, dura siempre y nunca se acaba, pero el amor humano, e incluso el amor de las bestias, tiene varias longitudes de continuidad.

Lo primero a tener en cuenta son los pasos de los tres principios: sexo, alma y mente, en este orden, que intentarán unir a los contrarios para que se complementen y formen una unidad en lo sexual, emocional e intelectual.

Si se siguen estos pasos, el amor puede durar lo que dure la vida de los contendientes, que en Occidente suelen ser dos, la pareja, y en otras latitudes ser varias las personas que se relacionan, se aman y se mantienen unidas por un tiempo determinado.

Sin una verdadera atracción física y hormonal en un principio, la duración del amor suele ser muy escasa u obligada, que es mucho peor. El deseo animal e instintivo de fundirse con el otro, es básico y primordial para mantener una unión duradera.

El segundo paso es el amor emocional una vez satisfecho momentáneamente el deseo inicial, el entendimiento entre dos almas de principios parecidos o del todo contrarios, pero siempre expuestos sinceramente para que se enlacen unos con otros, porque la naturaleza del Yin y el Yang nunca es la misma en dos seres diferentes, y necesita anímica y emocionalmente fundirse con la otra.

Yang, principio fundamental masculino

En el amor emocional priman el cariño, el afecto, la comprensión, el respeto, la ayuda mutua, y hasta la construcción de un futuro común, una familia o una empresa determinada que no excluya al otro, sino que siempre lo tome en cuenta.

Una vez que se logra la unión emocional, hay que poner los pies en la tierra y unir o enlazar los intereses personales, materiales, intelectuales y formarles, poniendo sobre la mesa lo que se espera de esa unión, y llegar a acuerdos y compromisos reales, incluso si se trata de una relación animada por la fantasía, el sexo, la locura, la trasgresión o la informalidad, porque las cosas debes ser claras y no llamarse a engaño. Por tanto, la sinceridad de propósitos es elemental para que la unión goce de estabilidad y continuidad.

Si una de las partes no es sincera desde un principio, tanto sexual, como emocional y mentalmente, todo habrá sido un engaño, una simulación (aunque dure cien años).

Si no hay verdadera complementariedad, la unión durará poco, y mientras más dure más conflictiva se hará.

Puede haber entendimiento sexual.

Puede haber entendimiento emocional.

Puede haber entendimiento intelectual.

Pero para que una relación dure debe haber entendimiento en las tres etapas, porque si una de ellas falla, la relación no durará.

No es solo que el Yang emane y que el Yin absorba, sino que el Yin también emane y el Yang sepa absorber, en complementariedad total y sin dominio por ninguna de las partes, sino entendimiento y distribución de tareas y papeles, ya sea en forma de pareja al estilo occidental, o con varias esposas o esposos, al estilo Oriental.

Ying, principio fundamental femenino

Ninguna relación humana es fácil, pero ninguna es imposible.

La leyenda del Yin y el Yang

Cuenta la leyenda que hace mucho, pero mucho tiempo, cuando en el mundo no había hombres ni mujeres, ni Yang ni Yin, solo había seres completos, o seres Qi, una especie de proto humanos casi perfectos e inmortales paseando por este hermoso planeta.

Uno de sus defectos fue el dejar que el orgullo y la so-

berbia penetrara en sus espíritus, con lo que empezaron a sentirse una especie de dioses con derecho a vivir en las Habitaciones Celestiales como lo hacían los seres que los habían creado y que les habían regalado el planeta.

"¡Queremos más!" Gritaban mirando a las estrellas. "¡Y lo tendremos al precio que sea!"

Los creadores se sintieron ofendidos ante tales reclamos, y decidieron darles un buen escarmiento a sus casi perfectas creaciones: dividirlos en dos partes, una Yang y otra Yin, con un poco de Yin en Yang, y un poco de Yang en Yin, para que sintieran anhelo de sí mismos en lugar de tener anhelo de las Habitaciones Celestiales.

El Qi (la energía vital) que los sustentaba, solo se podía lograr volviendo a unir el Yin con el Yang, y así perpetuar su especie con cada nacimiento para seguir siendo inmortales a través de la descendencia.

Unión fundamental del Yin y el Yang

Así aparecieron los seres humanos divididos en mujer (Yin) y hombre (Yang), separados por el tiempo y el espacio, dispersos por el mundo sin saber quiénes eran, de dónde veían y hacia dónde se dirigían, pues habían perdido la consciencia y el contacto con sus creadores, condenados en cierta manera a buscarse a sí mismos e intentando complementarse con su contrario para volver a ser seres enteros con el Qi que brotara de dicha unión.

A esa búsqueda le llamaron amor, sin desvelar el secreto de que también podían lograr el Qi complementándose consigo mismos, pues en cada uno de ellos y de ellas había un poco de la esencia contraria, así que muy pocos seres humanos podían complementarse a sí mismos, mientras el resto gastaba buena parte de su vida persiguiendo a esa persona que los complementara por dentro y por fuera, unos con suerte, y otros sin suerte, porque la mitad no encontraba a su par, y la otra mitad sí lo lograba, incluso sin ser conscientes de que lo habían conseguido porque el amor nublaba los sentidos (hecho a posta por los creadores), y así no se volvían orgullosos y soberbios de nuevo ni ambicionaban más cielo que el que tenían con su complemento.

El amor de amistad

El amor de amistad en el Tao puede ser tan íntimo como el de pareja, e incluso más, sobre todo si no hay sexo de por medio ni deseos de exclusividad o posesión, porque en él hay entendimiento, ayuda mutua y comprensión, por lo que dos elementos Yang-Yang, Yin-Yin o Yang-Yin pueden funcionar perfectamente y ser un verdadero tesoro donde sin haber obligación ni compromiso tácito o escrito, se ama libre y sinceramente a la otra persona en consecuente correspondencia.

EL AMOR Y LA FAMILIA

Las tradiciones chinas dejan a un lado el amor cuando se habla de relaciones familiares, aunque no niega la posibilidad de su existencia en los lazos fraternales o filiales, porque antes que nada está la obligación de atender, cuidar, proteger y ensanchar los lazos familiares.

Familia china tradicional

Puede no haber afecto ni simpatía, pero siempre debe haber responsabilidad.

Se debe enseñar y disciplinar a los niños.

El hermano mayor debe cuidar, proteger y hasta mantener al hermano menor si se llega el caso.

El hermano menor debe respetar y obedecer al hermano mayor, a la madre y al padre, e incluso al tío hermano de su padre y a la tía hermana de su madre.

Todos los ancianos de la familia merecen cuidado, atención y respeto.

La hermana casadera debe ser ensalzada y embellecida.

La hermana no casadera debe ser obedecida y respetada.

En la familia todos deben desempeñar un papel, trabajar codo con codo en todas las labores del campo, la ciudad y la casa.

El señor debe proveer a la esposa y respetar a la familia de ambos.

La señora debe administrar y respetar a la familia de ambos.

Dependiendo de su jerarquía, el señor tiene derecho, si así lo desea, de tener cuatro esposas, ocho concubinas y doce amantes, todas cercanas al hogar y la familia, además de los servicios sexuales que pueda pagar de mujeres ajenas a su hogar.

Dependiendo de su jerarquía, la señora tiene derecho, si así lo desea, de tener un esposo, tres amantes y seis pretendientes, todos cercanos al hogar y que puedan sustituir al señor en caso de que este enferme o muera; además puede tener relaciones esporádicas que no afecten a la familia y que estén fuera del hogar.

Además de estos casos, hay familias en donde la mujer no tiene esposo, pero sí puede tener enamorado o amantes, y sus hijos serán criados por sus tíos, nunca por sus padres, ya que ellos deberán criar a los hijos de su hermana; también hay familias donde la mujer se casa con varios hermanos, o con todo un pueblo, y mandar y dirigir sobre ellos, sin que las obligaciones y responsabilidades de cuidado mutuo se perviertan.

EL MATRIMONIO

La monogamia, con algunos amantes de ambos sexos de por medio, es la más habitual por cuestiones de rango, clase o economía, pero no por normas morales, sociales o legales, que no se instauraron en China hasta la implementación del confucianismo, sobre el siglo IV antes de la era occidental. Desde entonces se han creado nuevas formas y tradiciones, donde la suegra no puede conocer al yerno hasta un año después del matrimonio, la novia es "vendida" al mejor postor o debe de aportar una dote al novio, con todo tipo de rituales, ceremonias, paseos de la casa de la novia a la casa del novio acompañada de música y sobre un palanquín, repartiendo flores y con la cara descubierta, o tapada por hermosos lienzos de seda, toda una fiesta donde el nombre y apellido del esposo trascenderán, y los de la esposa quedarán en segundo plano, como si de reyes se tratara.

Tradicionalmente, la familia y el matrimonio son, en todos los casos, cuestión de unidad y protección, de continuidad de la especie y hasta de preservación de un nombre o de un apellido, más que de afecto, aunque también puede haberlo.

Matrimonio chino tradicional

El concubinato, o las relaciones libres y, de hecho, eran las mayoritarias hasta la modernidad, donde la influencia occidental y las leyes de Confucio lo confinaron a una obligación, tanto para el hombre como para la mujer, donde el parir un varón era lo más importante, y parir una niña casi una desgracia: una verdadera y estúpida locura, porque sin ambas partes no hay posibilidad de reproducción.

Se puede decir que durante milenios solo se casaban los poderosos, los funcionarios y los emperadores, no la gente común y corriente del pueblo, que se unían y formaban familias matriarcales o patriarcales sin papeles legales de por medio, y si acaso algún tipo de ceremonia o festejo dependiendo de sus posibilidades y medios.

En las formas matriarcales el esposo era absorbido por la familia de su esposa, y en las formas patriarcales la esposa era absorbida por la familia de su esposo.

En algunos lugares de Asia y de China, a donde nunca llegó el confucionismo, se siguen practicando todo tipo de relaciones amorosas, filiales y matrimoniales ajenas a los estándares conocidos de Oriente y de Occidente.

El Tao respeta todas las formas de unión sexual y matrimonial, familiares y tribales, porque entiende que el ser humano es gregario y que esa es su forma de trascender y de perpetuar a la especie humana.

TAO Y TANTRA YOGA

Una de las prácticas sexo-amorosas que se le adjudican al Tao es la ejercitación inversa del Tantra Yoga, o Yoga del Sexo, que consiste en eyacular "hacia dentro", así como en reabsorber los efluvios vaginales del orgasmo, con lo que se alcanza un éxtasis casi divino.

No se sabe qué capacidad tendría un Anciano Sabio de 80 años para llevar a cabo dicha práctica hindú siendo chino, y actuando como la parte Yang que invierte el flujo de su esperma, ni si tenía una Yin, que sincronizadamente absorbiera sus flujos vaginales del orgasmo, con quien llevarla a cabo; hay quien dice (incluso entre los que practican Tantra Yoga y que por eso han dejado de promocionarlo) que no es posible hacerlo, o no del todo, y que, lejos de brindar un éxtasis espiritual, podría provocar embarazos no deseados, infecciones urinarias, inflamaciones testiculares, prostatitis, cistitis, o incluso enfermedades venéreas más complicadas.

Pero en el Tao todo es posible, porque en realidad nada es, y del sexo y el amor se puede pasar al no-sexo y al no-amor en un santiamén.

Frases Tao sobre el amor y la pareja

El Tao no es ajeno a ningún tipo o clase de amor, ni al divino ni al terreno:

Ser profundamente amado por alguien te da fuerza, mientras que amar a alguien profundamente, te da valor y coraje.

Un hombre enamorado es un tonto, una mujer enamorada es una fiera peligrosa y salvaje.

Cuando dos se complementan, uno es el resultado.

Si tu cuerpo y tu alma se unen, ese abrazo será eterno.

Solo te puede traicionar realmente aquella persona a la que amas y en la cual confías.

No intentes llenar tus vacíos con otros vacíos.

Ama sin temor e intensamente, que la fuerza del amor todo lo puede.

No esperes correspondencia, ama sin condiciones y sin desear ni esperar respuesta.

Ama a quién desees y cásate con quién te convenga.

El sexo y el amor no son iguales, pero hay un momento en que se parecen.

La vida puede ser maravillosa sin amores terrenales, o un infierno con ellos.

Sé considerado, amable y sincero siempre, pues los corazones son frágiles y se rompen fácilmente.

Si no amas al otro como te amas a ti mismo, no estás amando realmente.

Si te aburres con lo conseguido, no era amor, era capricho.

El amor y el matrimonio rara vez van juntos, pero pueden hacerlo eventualmente.

El fin del sexo es la reproducción, no la mutua convivencia.

La capacidad sexual de la mujer puede con un contingente, la del hombre ni con una sola mujer.

Quien se tiene a sí, no necesita a nadie.

El Khan puede tener a cientos de mujeres sin ser capaz de satisfacer a ninguna de ellas. Porque ellas no buscan amor ni sexo, sino vida palaciega.

Quien da todo, suele quedarse sin nada.

Quien da todo no es un amante, es un padre, y a la hija siempre le salen alas.

La bondad y la ingenuidad de una de las partes, solo alimenta la crueldad de la otra parte.

Ten todas las esposas que puedas mantener, pero ama solo a una de ellas.

El amor es el Todo, por eso frecuente y dolorosamente se convierte en Nada.

En el amor el Yin y el Yang deben mantenerse en equilibrio.

Un exceso de Yin atrae la envidia, los celos y la traición.

Un exceso de Yang atrae la infidelidad, el abandono y el conflicto.

Si el Yang tiene un exceso de Yin, se volverá débil y confuso.

Si el Yin tiene un exceso de Yang, se volverá cruel y destructivo.

Si no puedes ni debes amar a quien te ama, apártate de inmediato de su camino.

Si no te puede o no debe amarte a quien amas, apártate de inmediato de su camino.

El amor humano es un sentimiento, una emoción, y como tal es voluble, cambiante y caprichoso, por tanto, no sueñes jamás conque sea perfecto. Si eres consciente de ello evitarás el sufrimiento propio y ajeno.

Quien sabe amarse a sí mismo, a veces encuentra el sendero correcto.

Si no te amas y respetas a ti mismo, difícilmente podrás amar de verdad a otros.

Hay cosas increíbles que se hacen por amor, y las hay aún más increíbles y hasta imposibles, que se hacen por despecho.

Si creces más que tu pareja, esta puede odiarte y traicionarte por ello.

Si creces más que tu pareja, puedes llegar a sentir desprecio por ella.

Nadie está a salvo de sentir amor, de la misma manera que nadie está exento de sentir odio y desprecio. Cuida de tus sentimientos.

El amor mal concebido puede ser un verdadero peligro.

La palabra amor existe, su contenido no.

Si el amor es ilusión, durará lo que duren las ilusiones.

Exagerar un sentimiento no lo convierte en una emoción mejor.

El matrimonio es una obligación, que resulta menos pesada si se le pone un poco de amor.

El amor no debe ser un pretexto para acompañar ni para abandonar a una persona.

No confundas la amabilidad con el amor.

No prometas amor a quien no puedes o en realidad no quieres dárselo.

El compromiso no es amor, es compromiso.

Dos soledades no hacen un amor, sino una soledad compartida.

Si no sabes estar solo, quizá tampoco sepas estar con alguien.

El respeto, la comprensión y el afecto suelen ser mucho mejores que el amor.

Un momento de pasión puede ser una larga vida de desdichas.

Hasta el más grande amor puede deshacerse en un instante.

Poder hablar con alguien que te entienda y que le entiendas, es mucho mejor que amar en silencio.

Si no lo amas, déjalo. Es mejor sufrir un momento que padecer toda una vida.

No te aproveches de quien te ama, porque, aunque parezca que ganas, realmente pierdes la dignidad de tu alma.

Tu mascota puede cambiarte por un hueso o un trozo de carne, tu pareja, también.

En cuestiones de amor no confíes en nadie, ni siquiera en ti mismo.

El enamoramiento es una fuerza poderosa, pero a menudo dura solo un momento.

Quien traiciona una vez, traicionará siempre.

Dos vacíos no hacen un todo.

El amor es un todo conformado por la salud, el bienestar y el afecto.

No te engañes, el amor no es suficiente ni se basta por sí solo.

Dos que se pelean pueden durar mucho más tiempo juntos que dos que no se pelean, por venganza y por revancha, pero no por amor.

El amor conflictivo, como la mentira, es más divertido que el amor de pareja estable y sin conflictos.

Ama intensamente y todo lo que puedas sin esperar respuesta mala o buena, y sobre todo sin pretender matrimonio o pareja duradera.

No ames por imitación, ni por lástima, ni por interés ni por encajar con la sociedad, porque el pago de una mala decisión en el amor suele ser bastante alto.

Se suele hablar muy bien del amor de pareja,
porque si ser dijera la verdad, nadie lo compararía.

Recuerda, si se puede nombrar o denominar al "amor", no es verdadero, porque lo verdadero es esencial y no requiere de nombre alguno.

Dicen que hay mil formas de amar.

Que el amor no tiene edad, ni género ni fronteras.

Porque quien ama de verdad, ama sin más.

Amor de Tao:

TANTO Y TANTO TAO

La quise tanto, tanto y tanto,
que le evité todo dolor,
toda amargura,
toda tortura
y todo quebranto.

La amé tanto y de tal manera,
que la protegí de los celos,
de la envidia,
y de esa dolorosa sensación
de la que espera y desespera
olvidada en un rincón
mientras el otro cruza el Rubicón
y ni se entera.

La quise y amé tanto
y con tal dedicación,

que mi devoción me llevó
a abandonarla
y así salvarla
de vivir conmigo,
en unión o desunión,
por su bien, no por el mío,
y no lo agradeció, no,
es más,
¡me odió y me maldijo!

Moraleja:
No hagas el bien
a quién no se deja
y encima se queja
de que la salves del horror
y el deshonor
de ser tu fiel pareja.

J.T.

III
El Tao
y la abundancia

Nada de lo que tengas
lo tienes de verdad,
pero puedes disfrutarlo
ahora mismo,
no esperes más.

Para el Tao los bienes materiales no son un desdoro, aunque a menudo la forma de conseguirlos sí lo sea.

La pobreza en sí misma no es ninguna virtud, es pobreza.

El hambre no es ningún logro.

Mortificar al cuerpo no te eleva.

Conformarte con poco o con nada no te hace mejor persona.

Trabajar para otro por una miseria no te ayuda en nada.

La esclavitud no es espiritualidad.

La sumisión no habla mal de quien te somete.

Los ricos y los poderosos pueden morir tranquilos, en su cama y rodeados de las personas queridas, tanto como de los familiares, interesados o no, sin irse al infierno o sufrir de un terrible karma en su próxima vida.

De hecho, y si la reencarnación existe, quien muere rico tiene muchas posibilidades de nacer rico otra vez.

Lao Tse fue funcionario de la corte imperial, y seguramente ganaba un buen dinero, tenía propiedades y vivía bien.

Cuando dejó de ser archivero de la biblioteca ya era un anciano rico de bolsillo y de intelecto, pues seguramente leyó un buen número de textos de todas clases.

No era pobre ni pretendía serlo.

Nada tiene de malo nacer en noble y rica cuna.

Tampoco tiene nada de malo nacer en cuna pobre.

El problema viene si el rico dilapida su buen nombre y su fortuna, en lugar de preservarla y de aumentarla; y si el pobre se conforma con su destino y no hace nada para salir de la pobreza.

Por supuesto que en cuestiones materiales el rico tiene más posibilidades, relaciones y oportunidades de mantener o de aumentar su caudal; mientras que el pobre tendrá más obstáculos y rémoras, como el contexto, el Estado y la religión, que le estarán diciendo que es muy bueno ser pobre, honrado, decente y creyente, en lugar de ser un malvado rico que vive en la lujuria de los excesos.

Se puede ser rico y frugal, generoso y hasta virtuoso.

De la misma manera que se puede ser pobre y glotón, lujurioso, borracho y con una sexualidad sucia o desordenada.

La forma de llevar el sendero (el Tao) de la propia vida no deviene de la riqueza ni de la pobreza, sino de las decisiones que se toman a lo largo de ella.

Por supuesto que hay desigualdades.

Por supuesto que hay jerarquías.

Por supuesto que hay clasismo y patriarcado.

Por supuesto que los que gozan de privilegios no ven la necesidad de prescindir de ellos.

El mundo es el que es y todos lo sabemos.

La condición humana está muy lejos de ser sana, santa, buena y altruista.

Nuestra naturaleza no es mala ni buena, es la que es, y para "mejorar" o transformarse requiere de procesos políticos, económicos y sociales que pueden tardar en producirse miles de años.

Denominadores comunes

No se sabe exactamente cómo ni por qué la humanidad entera cuenta con denominadores comunes como la formación piramidal de las sociedades, el dominio del fuego, el cambio del matriarcado (negado muchas veces) por el patriarcado, la capacidad para dominar a las bestias, la facilidad para aprender la escritura que se tuvo como secreto místico durante milenios, los rituales de apareamiento a los que se les llama amor o matrimonio, la idea de la construcción monumental que va desde amontonar cuatro piedras hasta la elaboración de suntuosos palacios, y muchos otros factores a pesar de las diferencias de tiempo y espacio, y la casi imposibilidad de comunicación entre las culturas más antiguas.

Los etólogos afirman que muchos de esos factores comunes vienen de la difusión cultural entre animales y humanos.

Si aprendimos a tejer, fue debido a que observamos a los pájaros hacer sus nidos.

Si aprendimos a construir, fue al observar a las hormigas y las termitas hacer sus hogares.

Si aprendimos a elegir como líder al más violento, sádico, fuerte y sin escrúpulos, fue porque otros grandes simios lo hacían así.

Si aprendimos a nadar, fue porque vimos a otros animales hacerlo.

Las técnicas y las tecnologías, como el fabricar, herramientas, armas y anzuelos, es común a la humanidad entera, algo más difícil de copiar con pura observación de otros seres vivos, pero puede serlo.

Lo que no copiamos de la naturaleza son los sueños, las ilusiones, las mentiras, las creencias absurdas y cosas tan curiosas como la riqueza y la pobreza.

En la naturaleza no hay animales pobres y animales ricos, aunque algunos son huéspedes o parásitos de otros animales, pero ninguno paga con abalorios a los otros, ni está sometido a impuestos del gobierno o del imperio invasor, los inteligentes y superiores seres humanos, sí.

Creer en dioses es habitual en la especie humana

de todas las latitudes, y no porque los dioses sean reales, sino porque la absurda ocurrencia tuvo una gran aceptación social en todos los continentes y en bien distintas épocas, y sirvió para legitimar poderes, posesiones y reinados, al tiempo que daba cierta tranquilidad a los humanos, tanto y de tal manera, que incluso los que inventaron la fantasía de los dioses llegaron a creer fervientemente en ella.

Somos seres que hacemos trampas y mentimos, que fingimos males y bienes más allá de lo que lo hacen nuestros hermanos animales, y, por si fuera poco, con el tiempo y eso que llaman tradiciones, llegamos a creer en nuestras propias trampas, engaños y mentiras como si fueran reales.

¿De quién o de quiénes aprendimos a ser tan falsos, hipócritas y fantasmales?

Todos los seres vivos pretenden seguir viviendo, comiendo y hasta acumulando algo para el mañana, pero parece que solo los humanos le hemos dado una visión fantástica y esotérica al proceso de vivir, comer, acumular y morir. Hasta las amebas parecen sufrir cuando mueren, pero nosotros, además, le damos diversos significados con otras posibles existencias, cielos, infiernos o reencarnaciones.

Para el Tao no hay nada de eso, solo el Todo y la Nada, que es de dónde venimos y hacia dónde vamos, nada más.

Pero los seres humanos, desde el Norte hasta el Sur, el Este y el Oeste, nos negamos a aceptar la Nada como destino, y preferimos elucubrar con otros destinos más halagüeños. El deseo de trascender a otra vida después de la presente, es un común denominador de la especie sin referencias culturales compartidas en el tiempo y el espacio.

Quizá sí hubo esa relación y difusión entre humanos en algún lugar del tiempo, y por eso todos, casi sin excepción, tenemos la cabeza llena de fantasías absurdas; o quizá no sean realmente fantasías. No lo sabemos, y por eso seguimos haciendo construcciones mentales, religiosas y hasta científicas, sobre todo tipo de fantasías trascendentales.

A veces la ciencia desmitifica ciertas mentiras, pero también a veces se vale de ellas y hasta las aumenta.

TONTOS Y LISTOS

Para el Tao no hay realmente tontos ni listos, porque un campesino humilde sabe lo que no sabe un urbanita presuntuoso; un científico genio y sabio, es capaz de creer que su dios es el único en el mundo, mientras que un indigente analfabeto y alcohólico sabe que hay más culturas y más dioses, y que creer en ellos es una verdadera necedad de lo más absurdo; y un pobre puede ser mucho más astuto que un rico, y un rico, a pesar de su excelsa educación, más ingenuo y torpe que una mascota.

Un atontado puede acumular una fortuna.

Un intelectual puede labrar su propia miseria.

Nadie lo sabe todo, y todos tenemos, como humanos, los mismos defectos y hasta las mismas supuestas y generalmente solo quimeras a las que llamamos virtudes.

ABUNDANCIA Y RIQUEZA EN EL TAO

Para Lao Tse la riqueza y la abundancia no son la opulencia ni el despilfarro, la fanfarronería ni el poder o el abuso del poder, sino construir lo suficiente para no carecer de lo indispensable, guardar para los imprevistos y poder ser generoso para los más necesitados, a sabiendas de que, para dar, hay que tener, porque quien no tiene no puede dar por más que su alma se lo pida.

Riqueza de espíritu

Tener un techo y un hogar, es riqueza, sin olvidar que hay que trabajar para mantenerlo, remozarlo y conservarlo.

Tener una tela que cubra el cuerpo, es riqueza, sin olvidar que hay que limpiarla, coserla y alisarla.

Tener algo para comer, es riqueza, sin olvidar que hay que conseguir y preservar los alimentos para que no falten nunca en la mesa.

Tener o escribir un libro, un poema, un cuento, una historia, es riqueza de espíritu, sin olvidar que es más abundante cuando es compartida y se goza de ella.

Respirar, estar vivo, es riqueza, sin olvidar que hay que tener consciencia de que se respira.

Ver es riqueza, porque la belleza visual de esta Tierra y de las estrellas llena el alma y anima al espíritu, sin olvidar que hay que mantener esa belleza.

Oír, escuchar, es riqueza, porque escuchando se aprende y se llena la mente de ideas, sin olvidar que hay que aumentar y experimentar lo aprendido, para que no se pierda en los lagos del olvido.

Pensar, imaginar, crear, es riqueza, es conciencia y consciencia, entendimiento y realización, preparación y construcción, sin olvidar que hay que llevar a cabo y físicamente lo bueno que tengamos en la cabeza.

Hablar, poco y claro, sincera y amablemente, compartir alegrías y conversaciones con los amigos y la gente querida, es riqueza que cura muchos males, porque así se comparte con los demás lo aprendido, sin olvidar que el silencio es sagrado y que solo hay que hablar para mejorarlo.

Ser y estar, es riqueza; incluso morir viejo y sabio es riqueza, porque de una o de otra manera se ascenderá de plano en el sendero hacia el Todo y la Nada: la muerte nunca ha sido un fin, sino un cambio en la cultura milenaria de China y del Tao.

La riqueza de hablar con los amigos

La fortuna, el azar y el juego también eran parte de la economía, y tanto entonces como ahora, quien ganaba mucho gracias a un golpe de suerte, no tardaba en perderlo y a ser el mismo pobre de siempre.

LA RIQUEZA EN CHINA

Hay que tener en cuenta que China en épocas del incipiente Taoísmo ya era muy compleja, social, política y económicamente, muy desigual entre el campo, donde en temporadas de sequías o de inundaciones la gente se moría verdaderamente de hambre, y las ciudades, donde las élites gozaban de todos los lujosos privilegios que se puedan imaginar, y las clases bajas contaban con medios informarles de vida y subsistencia, desde el comercio, el servicio doméstico, el funcionariado, las limosnas, el juego o hasta la prostitución, entre muchos otros.

Pobreza en China

Muchas veces, entre los pobres, el que tenía para comer ese día, era un potentado, y los que no, miserables menesterosos dispuestos a servirle por un plato de arroz.

Lo que no había ni remotamente, eran esclavos, que aparecieron en China hasta el siglo XII de la era común, y eran esclavos del Estado, no de los ricos citadinos ni de los terratenientes.

Había poblaciones alejadas de los centros urbanos donde no se utilizaba el dinero, y no porque no existiera, sino porque no había en qué o cómo usarlo, gastarlo o intercambiarlo, y no se podía comer, así que la abundancia y la riqueza no dependía de cuantas arandelas de metal o papeles de colores se tuvieran, sino de la tierra, de lo que se cosechaba o de lo que se producía.

Se puede prescindir de todo, menos de comer.

Comer es un defecto que tenemos los humanos y muchos otros seres vivos, y a menudo el poder satisfacer el hambre o el apetito en la China milenarias era todo un lujo, una verdadera riqueza, y no la posesión de cosas que no se pueden comer, como una casa, un vestido o unas joyas.

El rico de Lapao

Cuenta un cuento chino que en la perdida región de Lapao, vivía plácidamente Yang Li, que hacía de campesino en las épocas de sembrar y cosechar, y de minero el resto del tiempo.

Sus cosechas normalmente le daban para alimentar a su familia durante todo un año, y las piedras que sacaba de la mina que servían para hacer herramientas y utensilios de cocina y de labranza; a veces las intercambiaba por animales de granja, licor de arroz o telas, con las que su mujer, Yin Li, confeccionaba ropa y sandalias para toda la familia, siete hijos, tres niñas y cuatro niños.

La primera hija, Xun Li, vivía a gusto en casa, hilando y cocinando, limpiando y espulgando a las gallinas, así que no quería casarse, sino ayudar a su madre y tener de vez en cuando algún amante.

Pero la segunda hija, Kun Li, hermosa y pizpireta desde su nacimiento, sí soñaba con un buen matrimonio y con un marido viril y con abundantes bienes, para que la tuviera como una reina, siempre solícito a sus caprichos.

El problema es que Yang Li, como todo buen padre chino, no se había dado cuenta de las intenciones de su hija, y le tomó de sorpresa las intenciones de boda de la muchacha, sobre todo porque había que juntar para la dote, y en esa casa no eran precisamente ricos, aunque teníán de todo lo que necesitaba la familia.

El posible yerno, Wang Lai, buen muchacho, tampoco era rico, viril ni solícito ni galante, pero era el único en Lapao que parecía dispuesto a desposar a Kun Li, esperando, además, conseguir con ello una buena dote.

Para tantearlo, Yang Li lo llevó a la mina, pues, aunque descuidado quería a su hija y deseaba que tuviera un buen matrimonio y un mejor futuro.

Mientras escarbaban la arena de la cueva, Yang Li hablaba de la vida para escuchar lo que Wang Lai dijera, y así calibrar su postura.

Escarbando, escarbando, dieron con un viejo cofre lleno de monedas de oro, plata y bronce, del que Yang Li se apoderó de inmediato sin que Wang Lai se opusiera, sino todo lo contrario, reverenciando a Yang Li y asegurándole que amaba a Kun Li por sobre todas las cosas, lo que a Yang Li le pareció una actitud ladina, cobarde y aprovechada, pero era el deseo de Kun Li tomarlo como esposo, y había que complacerla.

La boda, aunque sencilla, se celebró y Wang Lai y su familia recibieron el cofre de dote, tal y como esperaba Wang Lai que así fuera.

El cofre permaneció algún tiempo, y Wang Lai feliz esposo y creyéndose rico, satisfizo casi todos los caprichos que Kun Li le imponía.

Kun Li no quedaba embarazada, así que un buen día decidieron ir a la ciudad más cercana de Lapao para que la viera un médico, costara lo que costara, por lo que se llevaron el cofre con ellos.

En la ciudad vieron muchas cosas apetecibles, entre ellas una pequeña y hermosa casa que Wang Lai prometió comprar una vez que ella quedara embarazada.

El médico la vio, dijo que no le pasaba nada, y de pronto Kun Li estaba embarazada, por lo que Wang Lai corrió a abrir el cofre para comprar la casa.

¡Sorpresa!

Cuando abrió el cofre dentro no había nada, sin embargo, un mercader dijo que ese cofre era muy valioso, pues por lo visto había pertenecido a una Dinastía muy prestigiada, y se lo compró a Wang Lai por el dinero suficiente para comprar a su vez la casa que Kun Li tanto deseaba.

Kun Li se instaló en la hermosa casita y mandó a trabajar a Wang Lai para tener qué comer y para embellecer por dentro la casa.

Fue así como Wang Lai se quedó prácticamente sin nada agotando su capital y no encontrando ocupación en la ciudad, pues como buen campesino de la ciudad y sus profesiones no sabía nada de nada, y, para colmo, resultó que Kun Li nunca estuvo embarazada, sino que se cuidaba muy bien de estarlo, y un mal día rechazó a Wang Lai y lo echó a la calle, como dueña que era de esa casa.

Kun Li puso ahí un negocio de peinadora y rentó un par de habitaciones de la casa, por lo que no le fue nada mal, a la espera de encontrar un mozo gallardo y viril que la desposara (pues de su matrimonio en Lapao no constaba en ningún acta), aunque tuviera que mantenerlo.

Wang Lai regresó a Lapao con la cola entre las patas, para quejarse con su suegro, que ahora era el rico del pueblo, por la broma del cofre vacío y por la veleidosa traición de Kun Li, pero nada pudo hacer.

"Tu dote era el cofre, y te lo di, nada hablamos de lo que había dentro. Con Kun Li fue lo mismo, te di su exterior, pero de su ser interno no hablamos nada."

FRASES DE ABUNDANCIA Y RIQUEZA

A menudo se critica a Lao Tse por las supuestas ambigüedades en sus consejos, frases, cuentos, poemas o reflexiones, sobre todo en el tema de la abundancia, sin tomar en cuenta que él apostaba por la transformación y por el cambio, pues tenía en cuenta que la vida no es plana ni fácil, y no a todos les sirve el mismo consejo, como veremos en las siguientes frases:

> *Si tienes de más, comparte; si no tienes, pide, y devuelve cuando tengas a quién te prestó, o a otros que lo necesiten.*

Consigue lo que necesites, y no dependas de nadie para hacerlo.

Si quieres ser rico, nunca trabajes para otra persona.

Si te compran, vende; y si te venden, compra.

No acumules lo que no necesitas, ni codicies más de lo que puedas y sepas administrar, o acabarás en la ruina.

Si te sobra, comparte, regala, da, ayuda a los demás sin esperar recompensa alguna.

Si a un pobre le das un pescado, le quitarás el hambre por un día; pero si le enseñas a pescar, le quitarás el hambre para siempre.

Haz lo que sepas hacer, y deja que los demás hagan lo que saben hacer.

Colabora, pero no cedas, ni te vendas por menos de lo que necesitas para bien vivir.

El hombre sabio no acumula ni codicia, porque cuanto más ayuda a los otros, más se beneficia él mismo. Cuanto más da a los otros, más obtiene él mismo.

No des, sin embargo, más de lo que tienes, ni prometas ni te comprometas con lo que no puedas. Empobrecerte no te ayuda a ti mismo ni a los demás.

No hay mayor riqueza que la inteligencia para lograrla.

No hay mayor riqueza que la salud, pues sin salud no hay riqueza que valga.

El amor no es riqueza material, pero puede darle abundancia al alma.

Para que la riqueza sea completa, debe constar de abundancia en el cuerpo, en la mente y en el alma.

La abundancia por sí sola no da la felicidad y puede hacer de la riqueza una verdadera desgracia.

La única y verdadera riqueza que se tiene en esta vida es el tiempo que pasas en ella.

Hay ricos alegres y pobres desgraciados, de la misma manera que hay pobres alegres y ricos desgraciados.

A la maldad no le importa si eres rico o pobre para abalanzarte sobre tu alma.

Es más rico el rico cuando empobrece, que el pobre cuando enriquece.

Si quieres ser rico, ve adónde van los ricos y júntate con ellos. Las relaciones enriquecen más que los esfuerzos aislados y personales.

No pidas para comer, pide para viajar y disfrutar de la vida, y se te dará sin lástima y con abundancia.

Enriquece a los demás, y siempre tendrás un ahorro de vida.

La verdadera riqueza viene cuando no tienes que preocuparte por ella.

Todo lo material en la materia se queda; nada traes al nacer, y al morir nada te llevas.

Una buena y lujosa tumba no te hace rico en lo espiritual.

Si vives para el dinero, no vives para ti.

No intentes ser dueño de la tierra, porque tus huesos son los que pertenecen a ella.

No intentes ser dueño de otras personas, porque puedes acabar siendo su servo.

No intentes ser dueño de una casa, pues ella vivirá mucho más tiempo que tú.

Disfruta de todo lo que crees que tienes y de lo cual te sientes su dueño, porque la vida pasa pronto y se olvida como todo sueño.

La ambición puede ser sana y positiva, la codicia siempre es negativa.

No envidies los bienes ajenos, pues serás pobre de alma y de dinero.

No anheles herencias, pues de la carroña nunca sale nada bueno.

Sé pródigo al dar y agradecido al recibir, ése es el secreto.

No regales tu trabajo, a menos que de verdad quieras hacerlo.

No te dejes engañar por las promesas de riqueza, que las ilusiones de grandeza son para los cuentos infantiles y los versos.

Disfruta de lo que tienes, poco o mucho, y no de lo que podrías tener.

Normalmente en los negocios no hay amigos sinceros.

En esta vida se puede tener de todo o no tener nada, y seguir viviendo.

Quien no es feliz con poco, no lo será con mucho.

Si quieres lograr una gran fortuna, empieza hoy mismo a construirla, paso a paso y poco a poco, pero no lo dejes para mañana, pues para mañana todo es demasiado tarde.

No tengas prisa en terminar las cosas, mejor ten prisa en empezarlas y luego continuarlas con sabiduría y paciencia, poco a poco.

El primer paso es indispensable tanto en el amor, como en la vida y en los negocios. Si no hay un primer paso, no puede haber dos.

Si algo de lo que no tienes te hace infeliz, nada de lo que tengas te hará feliz.

La riqueza material se puede conseguir por caminos indignos, pero no se puede conseguir nada espiritual corrompiendo el alma.

Si tienes más de lo que necesitas, pero aún quieres más, sufres una triste y ridícula enfermedad.

Para mandar y gobernar no hace falta oro, hace falta carácter.

Haz lo que tengas que hacer sin molestar, herir ni dañar a nadie, y entonces serás la persona más rica del mundo.

La naturaleza es la que es, y no se puede cambiar ni dominar sin dañarla y obtener resultados peores a los que se esperaban. Sé uno con la naturaleza y gozarás de abundancia.

Quien se anticipa a la sequía soluciona el problema antes de encontrarse sin agua.

El ahorro es bueno y recomendable siempre y cuando no pases penurias ni hambre por guardar para el mañana.

Toda persona debe aprender a conseguir lo que necesita sin importar su edad, su rango, su sexo o dedicación. Solo los niños y los ancianos deben ser cuidados y alimentados, aunque ya no sean productivos.

Se debe ayudar a los demás, pero solo lo necesario para no privarles de la capacidad de mantenerse por sí mismos.

La vida de toda la humanidad es holística, todos estamos unidos por el Todo y por la Nada, por eso nunca nadie será verdaderamente rico mientras alguien pase hambre.

O nos salvamos todos y vivimos como emperadores, o no se salva nadie en este mundo.

Tener poder para poder tener, o tener y tener para tener poder.

Para el Tao la abundancia y la riqueza verdaderas no es la posesión de cosas, lujos, palacios, excesos, sirvientes, viajes, caprichos y cosas por el estilo, sino saber conseguir lo necesario y suficiente para vivir una vida sana y digna, todo lo demás sobra, es basura, innecesario, superfluo, codicia, vanidad. Pero tampoco aconseja vivir en la miseria, el hambre o la pobreza extrema, o ser tacaño con los demás y, lo peor, con uno mismo.

IV
El Tao y la salud

Una vida larga
no es nada buena
si no es una vida productiva
y, sobre todo, sana.

Llegar a viejo a menudo es todo un logro, y llegar a anciano siendo productivo y estando sano, una verdadera proeza.

Una vida llena de padecimientos no es una buena vida.

Hay quien padece desde el nacimiento y no deja de sufrir de males y enfermedades hasta la muerte que por fin lo libera.

También hay quienes empiezan a deteriorarse en la madurez y siguen echándose a perder con el paso del tiempo hasta ser una carga para los demás y para sí mismos cuando llegan a la ancianidad.

Para unos cuantos envejecer es todo un privilegio, porque observan muchos cambios en el mundo, dándose cuenta de la condición humana en sus logros y virtudes, tanto como en sus fracasos y errores, y así aprenden a comprender que el bien y el mal no son tales, y que su vida, a pesar de los pesares, ha sido saludable, buena y grata.

Muchos jóvenes no llegan a esa sabiduría y mueren sin haber sido conscientes de lo que es en realidad la vida.

"El valiente muere, mata y se deja matar; pero el sabio vive y deja vivir a los demás", señala lao Tse en su *Tao Te King*, señalando a la guerra y a los malos gobernantes, generales y emperadores por la terrible enfermedad de la guerra.

"Quitarse la vida a uno mismo es adelantar inútilmente lo que de todas maneras sucederá."

El no cuidar del propio cuerpo, es una especie de suicidio encubierto, lo mismo que beber de más, buscar conflictos, dedicarse al ejército, la policía o la criminalidad, y hacer tantas otras cosas que bien sabemos no benefician a nuestra salud y que nos deterioran antes de tiempo.

Para el Tao nuestro cuerpo es un ser sensible, a veces más sensible de lo que creemos, y si bien es capaz de realizar miles de funciones sin que nos demos cuenta, necesita de nuestro cariño, cuidado y atención para cada uno de los órganos y centros energéticos que lo componen, pues órgano que no se utiliza, se pudre o se echa a perder, afectando al resto del cuerpo.

Por ejemplo, sabemos que respiramos, pero no somos conscientes de ello; sabemos que tenemos músculos y huesos, pero no los alimentamos con el ejercicio diario, no los movemos, y dejamos que se atrofien adelantando con creces el envejecimiento.

El cuerpo es sagrado, un templo, dice el Tao, pero a menudo lo tenemos como un cochinero y no le mostramos el más mínimo respeto.

Lograr una sana vejez

Pero aún hay más, también descuidamos nuestra alma con emociones negativas, obsesiones, celos, envidias, venganzas, iras, odios y deseos tan ridículos como insatisfechos, que más temprano que tarde nos enferman.

Lo que pensamos, por necedad o por ignorancia, también influye en nuestra salud, como la impaciencia, la irreflexión, las ideologías, las religiones, las falsas creencias, las mentiras, el engaño, la traición, el abuso, y hasta el querer pasarnos de listos acaban por irritar al organismo y enfermar al cuerpo.

La salud, por tanto, debe de tratarse de forma holística e integral, procurando que tanto cuerpo, mente y alma se mantengan unidos y sanos.

EMOCIONES Y ENFERMEDADES

Desde hace milenios la medicina tradicional China, como la acupuntura, relaciona el estado físico con el estado psíquico, e incluso con el Feng Shui y la fecha del nacimiento antes de que Buda apareciera por ahí y, del sistema de los 8 Baguas y el centro vital Qi, se pasara a los 12 signos y a los 5 elementos.

Las emociones, sobre todo las negativas, alteran al organismo de una forma directa y patente, por ejemplo:

—La ira afecta al hígado e intoxica al cuerpo con sustancias tóxicas como el exceso de adrenalina.

—La tristeza y las frustraciones afectan a los pulmones.

—La envidia y la rabia afectan a la vesícula biliar.

—La ansiedad y la impaciencia producen migrañas.

—Las obsesiones e imaginaciones negativas afectan a la digestión y a los intestinos.

—Las mentiras y los engaños afectan directamente al corazón.

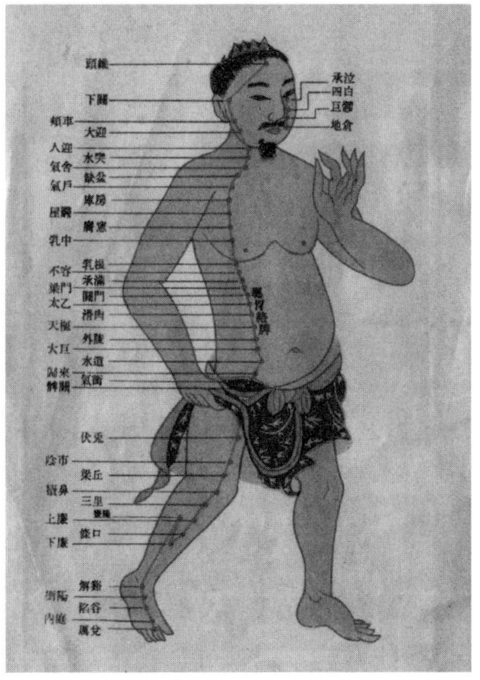

En el cuerpo todo está conectado

—La apatía y la pereza afectan los nervios, a la musculatura y a la columna vertebral.

—El fanatismo, además de delirios, provoca paranoia, esquizofrenia, dolor de caderas y deficiencias visuales.

—La violencia afecta directamente a los órganos sexuales, y, por supuesto, puede provocar la muerte.

—La mezquindad y la crueldad afectan a los riñones y a la piel.

—La falsedad, la hipocresía y la traición afectan a la garganta, la tráquea y los dientes.

—El sentimiento de culpabilidad afecta a los pies y al páncreas.

—La irreflexión produce todo tipo de accidentes.

—Los amores frustrados producen depresión y tendencias adictivas, así como los peores pensamientos, e incluso actos, de venganza.

—La inseguridad provoca todo tipo de males, pero sobre todo afecta a la nuca y al sistema nervioso central.

—Los miedos y las represiones producen todo tipo de males mentales, físicos, psíquicos y emocionales, que derivan en creencias absurdas, miedo al miedo, pavor a las enfermedades y desconfianza

sumisa (por eso son muy útiles para los gobernantes), provocando enfermedades reales autoinmunes y cáncer.

—La represión o insatisfacción sexual produce acné, ansiedad, desorientación, prostatitis, incontinencia urinaria, estados alterados de la conducta, infecciones venéreas, desórdenes hormonales e irritabilidad física y psíquica.

—Las enfermedades reales, las que no son producto de una emoción frustrada o insatisfecha, pueden provocar males psíquicos y emocionales en las personas que las padezcan.

—Incluso las emociones positivas, cuando se reprimen, no se logran, se callan o se disimulan, pueden causar todo tipo de enfermedades, pues se pudren en el interior del alma, y pueden causar ansiedad, estrés, depresión, autodestrucción, tendencias suicidas y hasta la muerte. El amor, la bondad, la felicidad y la belleza pueden ser adictivas, opresivas y contagiosas, por lo que hay que llevarlas a cabo de manera armónica y positiva.

Las personas alegres y despreocupadas suelen ser bastante sanas y padecer muy pocas enfermedades, e incluso superar males sin apenas darse cuenta de que los han sufrido.

Las personas amargadas y preocupadas suelen padecer todo tipo de achaques, malestares y enfermedades, así como ese tipo de sufrimiento raro o que los médicos aseguran que no se tiene nada.

Una sonrisa abre puertas y puede curar el cuerpo y el alma

Las personas optimistas tienen mejor salud que las pesimistas en las mismas condiciones, pues el simple hecho de creer fervientemente que vas a sanar, es una opción curativa de lo más pertinente; mientras que, si piensas que no podrás superarlo, es muy posible que no lo hagas.

La fuerza de voluntad ayuda a superar hasta las más crueles y mortales enfermedades; la falta de fuerza de voluntad, puede hacer que un simple resfriado se convierta en pulmonía y devenga en fallecimiento.

La música, las reuniones amistosas, las conversaciones interesantes, el saberse querido o tomado en cuenta, o simplemente sentirse satisfecho con la labor realizada, favorece al buen funcionamiento del organismo, quita el cansancio y da energía y vitalidad; mientras que el ruido, las reuniones obligadas, las conversaciones aburridas, el sentirse rechazado o menospreciado e insatisfecho o mal pagado por las labores realizadas, pueden desequilibrar y hasta enfermar al cuerpo, la mente y el alma.

Una buena reunión fortalece al corazón

Por extraño que parezca, hay personas a las que no les gusta la vida, ni este mundo ni la naturaleza y mucho menos las personas que habitan el planeta, y buscan enfermar, estar mal, que se noten sus penurias y buscan auto mutilarse, lastimarse, hacerse daño e incluso sacar partido económico o social de sus enfermedades, ciertas o inventadas, o bien dar un paso definitivo al más allá.

Por otro lado, las enfermedades son morbosas, válgase la redundancia, es decir, atraen la atención enfermiza de la gente, que le encanta ver la desgracia ajena, e incluso la propia, y hacen todo lo posible para estar presentes en los hospitales o en los lugares donde hay violencia y/o accidentes, e incluso tener un amigo, familiar o enamorado con mutilaciones o enfermedades raras o graves, para cuidarlo, someterlo y llevarlo al médico constantemente.

La salud mental de la mayoría de los seres humanos a menudo es harto deficiente ("de otra manera no se les podría gobernar como se les gobierna", a decir de Lao Tse), y a veces todo empieza con burlarse de quién cae, tropieza, tiene algún "defecto" físico, o simplemente es distinto a lo que se espera. La gente se ríe del mal ajeno como si fuera una gracia, cuando en realidad puede ser una desgracia con un fin trágico.

Lo crudo se vuelve crueldad por mucho que se defienda a los toros, los gallos o los perros de pelea por un prurito hipócrita de bondad, pues en realidad no les importa de dónde proviene la carne o las verduras que consumen (todo ser que es devorado pasa por un proceso de sufrimiento, y las plantas son seres), y tienen vehículos que contaminan a diestra y siniestra, y cuando alguien les señala dichas contradicciones no las aceptan, sino que se molestan y se vuelven cínicas o violentas.

Enfermedades reales

No todas las enfermedades son mentales, psicosomáticas, sentimentales y tampoco emocionales ni biodecodificables, como se les llama ahora, porque las hay del todo reales, desde las traumatológicas, las hereditarias, las víricas, las fúngicas, las bacterianas, las contagiosas, los envenenamientos, las autoinmunes, las accidentales, las intoxicaciones, las oportunistas y hasta las más simples y convencionales de toda la vida, como un resfriado, una gripe o una mala digestión, que no se las inventa la mente, aunque les pone nombre y tratamiento para que el médico y la farmacia cobren a costa del doliente.

Medicina china

De hecho, todos los seres vivos enferman, no solo los humanos como aseguró un petimetre para corroborar su teoría de que venimos de otro planeta; cualquier veterinario sabe que los animales también tienen enfermedades crónicas, y las mascotas que han tenido la mala suerte de depender de los humanos, hasta enfermedades psicosomáticas o emocionales.

Todo lo vivo es susceptible de enfermar, y, por supuesto, de morir.

Hay seres más fuertes y más resistentes que otros; seres que viven unos minutos y otros que viven doscientos años o más; los humanos andamos por el rango y promedio de los 80 años, con una esperanza de vida en aumento, pero con muy pocos centenarios, mientras que hay virus (supuestamente no vivos porque no se reproducen directamente) que se deshacen en segundos con un poco de calor, como el coronavirus, o que se mantienen latentes miles de años, y a veces también "mutan" o "enferman", porque, como en el caso de los humanos, muchas de las enfermedades que se padecen acaban fortaleciendo al organismo, trasmitiendo vía los genes esa fortaleza a los descendientes.

Poco a poco, pero evolucionamos, y el sexo, la reproducción, es de gran ayuda para ello, por mucho que critiquen a Lao Tse por hablar abiertamente de la función fisiológica reproductiva, en lugar de, como otros "sabios", mantenerlo como pecado o tabú para no molestar a las buenas conciencias actuales o de la China milenaria, sobre todo cuando el confucianismo dictó las normas de gobierno y convivencia.

Los pasos Tao para una buena salud

Para tener una buena salud el Tao milenario da las siguientes indicaciones:

—Come y bebe lo necesario, ni mucho ni poco, lo necesario.

—Procura no beber agua fría o helada, mejor tibia o al tiempo, e incluso caliente sin que arda o irrite el paladar.

—Agradece y comulga con todo lo que respiras, bebes y comes.

—Duerme por lo menos un tercio de la jornada (ocho horas diarias).

—Sé consciente de tu respiración, inhala y exhala ocho veces al despertar y antes de irte a la cama.

—Procura llevar una vida sexual constante y sana desde la adolescencia hasta la senectud.

—Ejercita todos los días tu cuerpo (el Tai Chi es una estupenda opción para mantener el cuerpo fuerte y sano), por lo menos media hora diaria.

El Tai Chi, una estupenda opción

—*Camina por lo menos una hora diaria.*

—*Activa a tu organismo (chacras y músculos) con masajes.*

—*Mantente alejado de vicios y adicciones.*

—*Piensa positivamente (pero no ingenuamente).*

—Ama sin esperar ser amado, y ámate a ti mismo por sobre todas las cosas.

—Se amable con el acto, el pensamiento y la palabra.

—No escondas tus emociones, manifiéstalas de forma armónica y clara.

—Medita, reflexiona y piensa antes de hablar o de actuar.

—No creas, analiza, experimenta y comprueba.

—Sonríe y agradece por cada segundo de tu existencia.

—Recuerda que en todo el mundo y lo que en él habita y existe, es parte importante de salud y de tu vida, así como tú eres parte de él.

—No te sientas superior ni inferior a nada ni a nadie, porque la única diferencia entre todos los seres es su aspecto y su apariencia, nada más.

—Mantén la mente la mente limpia, el alma noble y el cuerpo activo.

—Aléjate de aquellos que te cobren por mantenerte sano, pues si te sanaran de verdad se les acabaría el negocio.

—Aprende, reconoce y toma consciencia de tus fortalezas y debilidades, para que sepas sanarte por ti mismo.

FORTALEZAS Y DEBILIDADES DE MENTE, CUERPO Y ALMA

Para el Tao, siguiendo las milenarias leyes del Feng Shui, los seres humanos son como los frutos que tienen determinadas características dependiendo de la época de su cosecha, o de nacimiento:

ENERO, SALUD KHAN

Si naciste en enero tu punto débil son los huesos, las articulaciones y las rodillas, el deseo insatisfecho de poder, la ambivalencia y la necedad, que se fortalecen con humildad, fuerza de voluntad y teniendo metas y retos de superación personal.

Gen

Trigrama Gen, el Consejero

Febrero, salud Gen

Si naciste en febrero tu punto débil son los sentidos, los nervios y el cerebro, que se fortalecen con el estudio, la cordialidad, el altruismo, la aceptación y la creación artística o científica.

Marzo, salud Gen

Si naciste en marzo tu punto débil se encuentra en el hígado y los pies, que se fortalecen evitando emociones y pasiones negativas, adicciones y dependencias, con la música y la danza como terapias, así como el ayudar a los más desfavorecidos.

Trigrama Chen, la Pasión

Abril, salud Chen

Si naciste en abril tu punto débil se encuentra en las pasiones y pulsiones, el torrente sanguíneo, la cara y la cabeza, con una clara tendencia a los accidentes o torpezas, que se superan con la paciencia, la reflexión, la filosofía y la acción constructiva.

MAYO, SALUD KUN

Si naciste en mayo tu punto débil es la garganta, el habla, el cuello y la nuca, que se fortalecen con la sinceridad, la dedicación, la administración, la siembra, la expresión oral y hasta con las artes pictóricas o escénicas.

Kun

Trigrama Kun, la Doncella

JUNIO, SALUD KUN

Si naciste el mes de junio tu punto débil son los pulmones, el ritmo del corazón, las vías respiratorias en general, las extremidades y las enfermedades imaginarias, que se evitan o fortalecen con la actividad, la comunicación, la buena compañía y el ayudar o sanar a los demás.

JULIO, SALUD LI

Si naciste el mes de julio tu punto débil se encuentra en el estómago y los dientes, en los contagios y en las infecciones, en el comer y en el beber, pero aún más en el alma o en la psique, que puedes superar con emociones positivas, ejercicio físico, maternidad o paternidad, lógica y racionalismo, evitando así ser arrastrado por la sinrazón de la masa en los sentimientos, o por sus ejemplos nocivos.

Trigrama Li, el Pueblo

Agosto, salud Xun

Si naciste en el mes de agosto tu punto débil se encuentra en el corazón, la vesícula biliar y la columna vertebral, que se puede superar siendo sincero, noble y generoso, y, sobre todo con humildad y apartando de ti los aires de grandeza, la soberbia y las ansias de poder.

Septiembre, salud Xun

Si naciste en septiembre tu punto débil son los intestinos, la gula, las obsesiones, las críticas groseras o innecesarias, y el orgullo desmedido, que puedes superar con humildad, servicio, limpieza, tolerancia, comprensión, escritura y poesía.

Xun

Trigrama Xun, el Servicio

OCTUBRE, SALUD DUI

Si naciste en octubre tu punto débil se encuentra en los riñones, la piel y el cabello, así como en los ataques de ira e irritabilidad, que puedes vencer y mejorar con la belleza, la armonía, el equilibrio, la construcción y los números, o con la meditación, la soledad y el retiro.

Dui

Trigrama Dui, el Monje

Noviembre, salud Qian

Si naciste en noviembre tu punto débil se encuentra básicamente en los órganos sexuales y en la aparente contención de las emociones, así como en las creencias esotéricas y en el exceso de imaginaciones, que puedes compensar y equilibrar con tenacidad, creatividad y cuidado de los menores y de los mayores.

Aléjate de la violencia y del peligro.

Trigrama Qian, la Señora

Diciembre, salud Qian

Si naciste en diciembre tu punto débil se encuentra en la vista y las caderas, pero también en la ambición, la codicia, la tacañería y el fanatismo ideológico o religioso, que puedes superar viajando y conociendo otras culturas y pareceres, expandiéndote, emprendiendo y facilitando la vida a los demás.

Khan

Trigrama Khan, el Señor

Todo punto débil también es un punto fuerte cuando las energías Yin y Yang se equilibran y se complementan para formar el Qi esencial de la vida sana y eterna.

"Quién se anticipa a un mal, tiene la solución preparada", por eso es importante que sepas cuáles son tus debilidades, para superarlas, y tus potencias, para trabajarlas, equilibrarlas y aumentarlas.

V
El Tao,
POLÍTICA Y PENSAMIENTO

Quien pretende el dominio
del mundo y mejorarlo,
se encamina al fracaso.
El mundo es tan sagrado y vasto
que no puede ser dominado.
Quien lo domina lo empeora,
y, quien lo posee, lo pierde.

Se supone que el pensamiento tiende a lo racional, a la lógica, al entendimiento, y que sus funciones se realizan en la cabeza, en el cerebro.

Bajo este supuesto las personas, los seres humanos, deberíamos tender al razonamiento, la lógica, el análisis, la reflexión, la comprensión, el entendimiento y el acercamiento a lo cierto, a la verdad.

Sin embargo, raras veces se da este proceso, porque la realidad es que la inmensa mayoría de los seres humanos somos perezosos mentales, influenciables, manipulables, fáciles de adoctrinar y adocenar, creyentes antes que pensantes y hasta agradecidos que otros tomen decisiones por nosotros y nos digan qué hacer, cómo hacerlo, cómo comportarnos, a quién amar, cómo comer, cómo dormir, cómo ir al baño, qué temer, qué comprar y cómo vivir.

Las religiones, los Estados, las academias, los colegios, las escuelas, los maestros, la publicidad, los medios de comunicación y hasta los intelectuales de letras, cine, radio, televisión o influenciadores de las redes sociales nos dicen cómo comer, vestir, cantar, leer, amar, temer, odiar o lo que haya que hacer, y nosotros acatamos y seguimos el comportamiento de la masa sin importar si nos dirigimos a la cima o a la sima, al cielo o a un despeñadero, o nos creemos que nos merecemos la fortuna o que el Universo conspira para que todo nos vaya mal, o bien.

El Universo, el gran conspirador

Se ponen de moda los super alimentos, viandas de toda la vida, y corremos a comprar judías o garbanzos como si en ello nos fuera la vida.

Nos aseguran que tal o cual planta es milagrosa y cura todos los males, como el romero de toda la vida, y empezamos a consumirlo en masa.

Durante un tiempo la yema de huevo era lo más alimenticio del mundo.

Luego que no, que la buena era la clara del huevo.

Después que tampoco, porque el huevo producía colesterol del malo y con ello infartos y derrames cerebrales.

Que hay que meterlos de inmediato a la nevera, que mejor no; que hay que lavarlos antes de usarlos, que no hay que lavarlos.

Y ahora que siempre no, que nada de eso, y que el huevo es, como siempre ha sido, un alimento completo, aunque crudo, pasado o sucio, puede producir diferentes intoxicaciones estomacales por bacterias malvadas como la salmonela, o similares, y nosotros nos lo creemos sin apreciar la ilógica ambigüedad de los enunciados y cambiamos de hábitos cada vez que un estudio de apariencia serio de la Universidad de la Cochinchina se publica en un panfleto.

Si los expertos a través de los medios dicen que hay que comer al menos uno o dos huevos al día, lo hacemos y obligamos a los niños a hacerlo; que nos dicen que son peligrosos, y corremos a tirarlos a la basura y a prohibirle a los niños que los consuman.

Lo curioso es que cuando se trata de alimentos chatarra altamente adictivos, no hacemos caso ni dejamos de consumirlos a pesar de la diabetes, los infartos, la obesidad y hasta la demencia que causa el consumirlos. Entonces no nos importa lo que pase, y los seguimos consumiendo, aunque se les aumente el precio.

El truco está, según esos mismos expertos, que por un lado somos melindrosos y nos encanta seguir la corriente y quedar bien con los demás, y por el otro somos autodestructivos y suicidas en potencia. Ambivalencia humana, donde el uso de la razón brilla por su ausencia, y que los publicistas saben aprovechar muy bien.

El café también fue un demonio a combatir por médicos, gobernantes y religiosos, y ahora resulta que hasta rejuvenece y es un super alimento.

El café, de tóxico a super alimento

¿Somos necios, o estamos locos?

Posiblemente las dos cosas, por eso el Tao insiste que el ser humano debería ser cabeza y pies, cerebro y sendero, mente y movimiento, y no emociones y dejadez.

El mundo es complejo, lo mismo que la vida, y no se compone ni se mejora con palabras, aunque es importante expresarlas, sino con acciones lo más sanas y correctas posibles, pues se debe tener en cuenta que todo puede cambiar, y que lo que hoy nos parece bueno y productivo, mañana puede ser contaminante, agresivo o poco recomendable socialmente.

Lao Tse insiste en este punto: "todo cambia, todo se transforma, nada tiene una certeza total ni una duración eterna."

Por eso hay que estar siempre con la mente abierta y dispuesta al cambio, aunque con la edad (y los intereses creados) todo cambio nos parezca una locura.

¿Tienen la culpa los políticos y las religiones?

En buena parte sí, por eso el Tao apuesta desde un principio por el no gobierno y por la no religión, y hasta por la no enseñanza doctrinaria, porque casi toda enseñanza reglada lo es.

Por otra parte no tanto, pues requiere de la complicidad y aceptación social de la parte contraria para que los gobiernos sean posibles.

Es decir, que el gobierno es Yang, que propone, y el pueblo es Yin, que acepta la propuesta, entonces se unen, nunca logran el Qi, pero si la reproducción cuasi eterna del mismo sistema jerárquico de siempre, y la repetición de todos sus vicios, porque virtudes tiene bien pocas. Enterrarse junto a un viejo emperador, o simplemente adorarlo como si fuera una divinidad, hace al pueblo cómplice de quien lo somete y sojuzga.

El pueblo como cómplice del poder

MANTENER VIVO EL MIEDO

Uno de los mejores pegamentos sociales, además de la hipocresía que nos dispensamos unos a otros para no matarnos con más frecuencia, es el miedo, un miedo que paraliza la mente, el alma y el cuerpo a veces sin que seamos conscientes de ello, y que nos lleva a ser cómplices de los males que nos aquejan y nos mantienen en la mediocridad o en la miseria:

Miedo al "hombre del saco", o similares, desde niños.

Miedo a las brujas.

Miedo a los extraños, desconocidos o diferentes.

Miedo a los pobres y a los marginados.

Miedo a los ricos y a los potentados.

Miedo al enemigo, sea el que sea y aunque no exista.

Miedo a las enfermedades.

Miedo a las bacterias, hongos, virus, insectos, roedores, venenos y alimentos, aunque la inmensa mayoría de ellos no son patógenos y conviven en simbiosis con nuestro organismo desde hace millones de años.

Miedo a lo desconocido.

Miedo al sexo.

Miedo al género.

Miedo al ridículo.

Miedo a quedar en entredicho.

Miedo a que nos llamen irresponsables.

Miedo a perder el honor, la dignidad y el respeto que ni siquiera tenemos hacia nosotros mismos.

Miedo a salir, miedo a pasear.

Miedo a comer de más, miedo a comer de menos.

Miedo por ser mujer, miedo por ser no binario, miedo por ser hombre, miedo por ser niño, miedo por ser anciano, miedo por estar vivo y pasando y sufriendo miedo.

Miedo de ser atacados, robados, violados; y también miedo por perder los nervios y dejar emerger la ira que llevamos dentro.

Miedo al más allá, a la muerte y al infierno.

El miedo, siempre presente

Miedo a miles de cosas más, como el miedo a pecar, a ser débil o a no tener dinero.

Por supuesto, la mayoría de los miedos son impostados, falsos y convenencieros, funcionales y un medio de contener a la sociedad, que los acepta casi llorando, pero a la vez agradecida como si le estuvieran brindando un caramelo, aunque las mayoría de esos miedos no tengan remedio, o quizá lo tengan mañana gracias a los granes científicos y expertos que tenemos, aunque no sepan nada del tema ni experiencia en ello, pero a decir de las autoridades son expertos y nos dan una vaga y casi siempre falaz esperanza de que encontraran la cura para cada miedo.

Por supuesto, a pesar de tanto miedo transgredimos todo tipo de normas, hacemos trampa, nos engañamos a nosotros mismos imaginando puerilmente que engañamos a los demás, delinquimos, asesinamos, tenemos conductas poco adecuadas, bebemos, nos drogamos, no pagamos, odiamos abiertamente o en secreto, celamos, envidiamos, blasfemamos, pero en cuanto nos pillan en falta y tras una breve rabieta o intento de escapar, cedemos, nos sometemos, decimos que nos arrepentimos y dejamos de hacerlo, al menos mientras nos tienen encerrados o vigilados, porque en cuanto podemos y echándole la culpa al otro o al alcohol, volvemos a "portarnos mal", a pecar, a ser los mismos simios parlantes que abusan del más débil al tiempo que exigen derechos y fingen ser buenos.

El Tao, más que aceptar, es consciente de todos estos "defectos y vicios" de la humanidad, y sabe desde hace dos mil quinientos años que no vamos a cambiar, porque estamos inmersos en el mismo contexto y sistema de gobierno: piramidal e injusto, con unos cuantos en la cúpula y el resto en el fondo o agarrándose de cualquier fisura para no caer y hundirse en la pobreza, porque en la miseria material, mental y anímica ya lo están.

¿LOS SERES HUMANOS ESTAMOS ENFERMOS?

Para el Tao, sí (aunque si viviéramos de forma cien por ciento natural, no lo estaríamos tanto), la humanidad en su mayoría padece la terrible enfermedad de la inconsciencia, goza de ella y pretende seguir padeciéndola, lo mismo que el mendigo al que le falta una pierna y no quiere una prótesis, pues teniendo una prótesis podría caminar e incluso trabajar, y eso sí que no, porque se gana mucho más estando cojo y pidiendo.

¿Y LA DIGNIDAD?

Para el Tao la dignidad es uno de tantos disfraces sociales que no dan de comer y apenas si sirven para tapar ciertas vergüenzas, así que a la hora de la verdad o de la necesidad, tampoco tiene mucha importancia, y se puede vivir muy bien sin tener la menor dignidad ni respeto por uno mismo, esa es la realidad, y otra cosa es que sería deseable no ser tan pusilánimes y que tuviéramos un poco de respeto por nosotros mismos, que casi nunca lo tenemos.

¿HEMOS PERDIDO LOS VALORES?

El Tao dice que no, entre otras muchas razones, porque nunca los hemos tenido, algunos ni los conocemos y otros mal los fingimos, y no se puede perder lo que no se tiene.

En todo caso tenemos no-valores, o la idea de lo que debería o podría ser, pero que en realidad nunca ha sido.

Todo tiene su pro y su contra, incluso varias aristas, por lo que conceptos como la bondad a veces es loable, pero en otras ocasiones puede convertirse en una carga o en un síntoma de debilidad, e incluso en algo del todo inconveniente. Con la humildad pasa algo similar.

La justicia es una quimera que ha servido más para proteger a los poderosos que para mitigar las angustias de los menesterosos. "Si el lobo hubiera redactado las leyes, masacrar ovejas sería del todo legal, socialmente ponderable y hasta necesario para el buen funcionamiento del gobierno".

Cada cultura tiene sus propios conceptos de virtud que pueden parecer aberrantes para otras culturas, mientras agradan a la propia como valores universales que hay que defender a toda costa.

Cada quien vive inmerso en su propia piscina y no ve más allá de sus narices, pareciéndole extraordinariamente bien el estar mojado, simple y llanamente porque no conoce lo que es estar seco.

Hasta el más sabio, casto y puro, puede caer

La templanza, por otra parte, o ataraxia que propone el dominio de las emociones, sería posible solo si el ser humano fuera una piedra inerte, algo que vibra y que es, pero que no siente, con una mente fría, racional, analítica, lógica y calculadora, que no reacciona a los estímulos externos e internos, sino que se mantiene incólume a los dardos de Cupido y a los rayos lujuriosos y pasionales de Zeus.

Las emociones dominan a la mente, aunque sea por un instante, con lo que cien años de templada cordura pueden desmoronarse en un segundo ante una reacción emotiva, pasional o sentimental, que lleven al santo a cometer un pecado terrible por acción, omisión o pensamiento. Total, se le puede echar la culpa al alcohol, la soledad, los demonios, los dioses, el destino o a lo que sea.

Hasta el más sabio y templado puede caer en la tentación de sentir, y si ese sentir está sancionado como pecado en su cultura, se irá de cabeza a su concepción de infierno sin que haya divinidad que lo salve.

Matar, eso que nos gusta tanto ver en el cine, en las noticias, en las redes sociales, en la prensa o en la televisión, puede ser una pasión irrefrenable si no hay limitación legal y de orden social, y hasta una virtud si se mata al enemigo, al diferente, al inmigrante, al extranjero, al creyente ajeno a nuestra congregación, al criminal o a alguien o algo que se considere no humano, o nocivo para nuestros intereses o estilo de vida. Entonces matar excita y enciende los ánimos, se aplaude y se vanagloria con el hecho, da héroes y ejemplos a seguir, y hasta se convierte en un frío acto de justicia del todo racional que nos deja enormemente satisfechos; mientras que corregir a una mascota puede llevarnos a la deshonra o a la cárcel.

"Todo depende de los absurdos y contradicciones de la mente", que al final resulta que es más emocional que racional, y más convenenciera que inteligente.

¿Todo está en la mente?

No, no todo, hay factores de cruda realidad que trascienden lo cultural, como que el mundo en el que vivimos es independiente de nosotros, y aunque es pródigo en recursos (que mal administramos), no los tiene solo para nosotros, sino para sí mismo. Nosotros somos simplemente un animal más que nos aprovechamos de ellos, pero que estarían igualmente ahí independientemente de nuestra presencia.

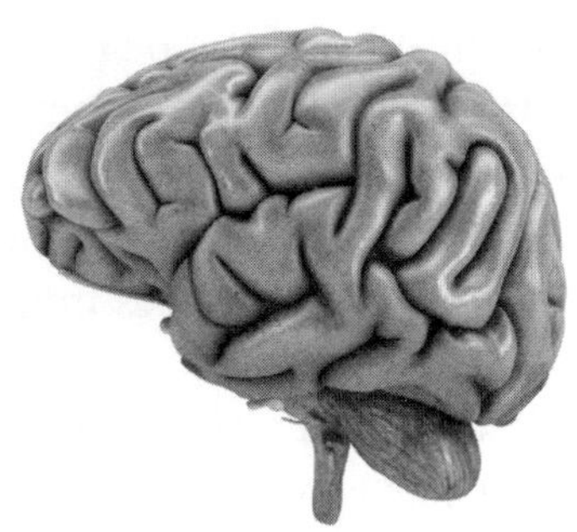

El cerebro, tan racional como fabulador

La Tierra seguirá existiendo cuando la especie humana haya desaparecido, de la misma manera que estaba antes de que los humanos aparecieran.

La mente crea, cree, inventa y recrea, piensa, elabora, cuenta, analiza, recrea, aprende, diseña, y en ese sentido es maravillosa, pero deja al margen todo aquello que ignora, que es mucho, y a menudo crea castillos en el aire que tarde o temprano se desmoronan, o se mantienen en ruinas, pero presentes, durante miles de años, porque también miente, engaña, olvida, mal entiende, manipula y se obsesiona.

Un año, mil años, no importa, porque llegamos a este mundo ayer y es posible que nos vayamos mañana sin dejar ni una huella o leve rastro de nuestra breve existencia.

No importa lo que la mente sea capaz de hacer, ni cuáles sean sus limitaciones, ni siquiera los debates en las ciencias sociales o teológicas de las razones de nuestra existencia, que, si es determinista o relativa, real o ficticia, narcisismo o potencia; y si el sonido existe gracias a nuestros oídos, o si el estruendo de la caída de un árbol sería sonoro, aunque ningún ser humano lo oyera.

La naturaleza y el universo entero funcionan y seguirán funcionando con o sin seres humanos de por medio.

Aceptar que la realidad existe independientemente de nosotros, aunque es algo obvio y patente, molesta a muchos pensadores y sabios, porque en su mente no cabe la posibilidad taoísta del no—nosotros, y temen a la muerte y al no—ser, tanto como a la ausencia, al vacío y a la nada.

La mente humana es un instrumento maravilloso, sin duda alguna, pero ni es superior a la mente o hilos nerviosos de otros seres vivos, ni nos ofrece garantía de percepción total de la realidad, porque a menudo tropieza con sus propios prejuicios y creencias, y pretende conquistar lo externo o al otro, cuando no se atreve a mirar en lo profundo de su ser interno.

"Aquel que obtiene una victoria sobre otro hombre, es fuerte; pero quien obtiene una victoria sobre sí mismo, es poderoso".

La mejor salud mental: la lucidez del pensamiento

La mejor salud siguiendo al Tao, es la que no necesita médicos, porque: *"Saber que no se sabe, eso es humildad. Pensar que uno sabe lo que no sabe, eso es enfermedad"*.

Los seres humanos deberían nacer, crecer, desarrollarse, reproducirse, enseñar lo aprendido, y morir satisfechos y conscientes, y no con la cabeza llena de fábulas, falsas esperanzas, tribulaciones, miedos, obsesiones y mentiras.

Muchos de los males y enfermedades son producto de la mente, de la necesidad de cariño, de la falta de sexo o del exceso del mismo, y de las ilusiones que devienen en frustraciones por su falsedad, pero que se enseñan de generación en generación como si fueran verdaderamente importantes:

La patria, pequeña o grande.
El nombre.
El género.
La identidad.
El amor.
El sexo.
La fidelidad.
La riqueza.
La pobreza.
Lo que consideramos nuestro.
Lo que consideramos ajeno.
La ignorancia.
La sabiduría.
Los dioses.
El bien y el mal, junto con la moral.

Cuando en realidad nada de eso tiene ninguna importancia ante la fragilidad de nuestra breve existencia.

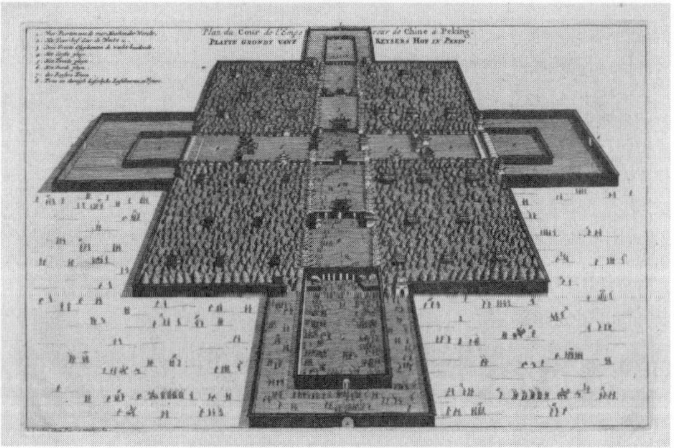

La grandiosidad como disfraz de la mentira

Lao Tse dice que nada de lo que se pueda nombrar es verdad, sino simulación, conveniencia, invención, concepto, ambigüedades imposibles de llevar a cabo, intercambiables y culturales. "Toda gran parafernalia y palabrería esconde una gran y burda mentira".

Utilizamos el lenguaje como un arma, y somos sensibles a los escritos, a las palabras, tenemos el defecto de creer antes que pensar y analizar lo que oímos, damos por hecho y como verdad todo lo que nos dicen los medios de comunicación, los padres, los maestros, los supuestos sabios y hasta los gobernantes, a pesar de que nos engañen constantemente y nos mientan descaradamente una y otra vez.

Quienes sirven al poder ¿son taimados o ingenuos?

¡Qué mayor enfermedad que la inevitable ingenuidad! Y qué mayor mal que insistir en el error y pasar de la ingenuidad a la sumisión y a la ignorancia impostada.

Nadie es realmente ignorante, ni siquiera las amebas lo son.

Nadie es realmente sabio, porque mientras más se sabe, más se ignora, y cada ser humano tiene sus propias habilidades y conocimientos; si se deja engañar una vez, es culpa del otro; si se deja engañar dos veces, es culpa de los dos; pero si se deja engañar tres veces, la culpa es suya, y no por ignorante ni ingenuo, sino por ladino, acomodaticio y convenenciero.

Para el Tao los grandes hombres no existen, son ejemplos señuelo para conformar y adoctrinar a las multitudes en ideas encerradas en un determinado contexto.

EL TAO, POLÍTICA Y GOBIERNO

Aunque usted no lo crea, el *Tao Te King* es el segundo libro más manipulado, traducido e impreso de la historia, y ha servido de libro de cabecera a un sinnúmero de políticos orientales y occidentales, y sobre el cual se hacen constantemente tesis doctorales y estudios de investigación política, interpretando y reinterpretando las palabras de Lao Tse, si es que de verdad existió y escribió este libro, ya que no pocos consideran, además de ambiguo y contradictorio el texto, que un simple bibliotecario anciano conociera las entrañas de la política china por muy funcionario que fuera, ya que su ámbito profesional estaba muy lejos de las esferas de poder de orden y mando.

Las escuelas Taoístas posteriores al mítico fundador, Lao Tse, algunas de ellas de verdadera élite política y económica, tienen sus propias versiones del *Tao Te King*, y su particular forma de interpretarlo, con frases e ideas que pueden salirse de contexto fácilmente, como cualquier libro de aforismos y citas, sobre todo por el lenguaje que utilizaba el Anciano Sabio, y que solo los chinos de aquella época, o los seguidores del Feng Shui de las épocas posteriores, entienden y conocen, y que en un inicio no fueron usadas para hacer crípticas o secretas sus metáforas, sino simplemente que era la forma de hablar y escribir, con unas palabras y lugares comunes propios del contexto cultural chino de los siglos VI, V y IV antes de nuestra era, por lo que tampoco pretende ser un libro místico o espiritual, sino ser lo que es y siempre ha sido, un libro que critica al poder y al ser humano en su inconsciencia.

Tao y taoísmo

El Tao es el sendero, la guía, la ruta, la vía, por donde caminamos en esta vida incluso si nos negamos a caminar.

El taoísmo, el senderismo, sería una de sus prácticas, ya sea como escuela filosófica pura o comercial, secta interesada y doctrinaria, o religión que pretende fieles con el señuelo de la trascendencia.

El Tao, el sendero del Todo y la Nada, es la esencia.

El mítico Lao Tse, su fundador (que nunca pensó en decir ni escribir o pensar tantos miles de frases).

El taoísmo, rama que practica como puede el Tao.

Y el *Tao Te King*, el libro sagrado del taoísmo, que contiene parte de la esencia del Tao, no toda, y que siendo un texto breve es un dechado de fertilidad.

EXCESO DE FERTILIDAD

De hecho, el *Tao Te King* solo cuenta con 81 frases, metáforas, breves poemas o cuentos mínimos, solo 81, ni más ni menos, es decir, es un texto sucinto y breve, del que se han extraído cientos de frases de todas clases y para todos los gustos, algunas orientales, otras occidentales; unas que quizá también dijeron otros pensadores míticos y reales, como Buda o Confucio, Sócrates o Diógenes, por citar algunos; sin faltar las muy modernas junto con otras antiguas, con esencia Tao o sin esencia Tao; inventadas o reales, y con cierta presencia recurrente en las redes sociales tan amigas de frases sensibles o grandilocuentes.

Como las siguientes:

—No hay peor gobierno que el gobierno mismo; mientras la humanidad necesite ser gobernada, no será realmente humana.

—Un solo fruto podrido echa a perder una cosecha entera, pero un fruto sano no puede salvarla.

—Lo malo se contagia, lo bueno se ignora.

—Si el liderazgo es inevitable, sé tú el líder.

—Si quieres mejorar en algo al mundo, empieza por ti mismo.

—Ser líder es asumir la responsabilidad de dirigir a los seguidores.

—El buen gobierno no es tanto un arte político como el reflejo del orden cósmico en el mundo.

—Observar la naturaleza es la mejor manera de aprender a organizarse políticamente.

—El poder no tiene todas las soluciones, a veces no tiene ninguna, porque no le interesa gobernar, sino aumentar sus caudales.

—La corrupción puede ser inherente al ser humano, sobre todo si se le pone enfrente lo que otros tienen y él no tiene; o si lo tiene quiere aún más.

—El poder es un vacío tenebroso, adictivo y atractivo.

—Para mandar hay que saber obedecer, y no medrar ladinamente lamiendo los pies del que manda.

—El pueblo dista mucho de ser sabio al adorar a sus gobernantes, pues no hay nada ni nadie en el mundo que merezca adoración.

—Si sabes dónde tienes que ir, no te hace falta seguir a la manada.

—Por gracia o por desgracia, quien nunca ha tenido poder, jamás sabrá gobernar.

—Lo malo de tener poder es que la peor escoria se posará a tu lado y te dirá que eres lo más grande del mundo.

—Ningún hombre verdaderamente sabio querrá jamás tener el poder.

—Ningún ser verdaderamente sabio querrá jamás tener prestigio y fama, porque el prestigio y la fama las otorga el poder.

—Ningún sabio querrá jamás los premios, los lujos y las opulencias, porque son la forma en que el poder compra las voluntades ajenas.

—Tratar con el otro que no habla nuestra lengua ni sigue nuestras tradiciones, es un arte comercial más que político.

—No importa cuánto mienta un gobernante, porque siempre habrá un pueblo que desea creerle.

—No importa cuánto robe un gobernante, porque siempre habrá un pueblo que desea perdonarle.

—Si tu héroe o tu líder es un asesino, no dudes que cualquier día querrá aniquilarte, pues para él tú no eres nadie.

—No aplaudas al mal si lo que quieres es conseguir el bien.

—Quien se deja engañar es porque cree que llevará un beneficio al hacerlo.

—Seguir a un líder poderoso no te hace poderoso, te hace seguidor.

—Servir a un líder poderoso no te hace poderoso, te hace sirviente.

—Imitar a un líder poderoso no te hace poderoso, te hace imitador.

—Para llegar a la cima hay miles de senderos, el tuyo es uno más y verdadero.

—Lo más grande a menudo en realidad es pequeño, y lo más pequeño a menudo es el verdadero sendero.

—Poder imponer a los demás tu voluntad no es

verdadero poder, es renuncia o interés soterrado de los demás.

—Una sola frase no va a cambiar ni a mejorar tu destino, pues es solo una señal en tu camino.

—El pensamiento sin acción ni construcción no sirve para nada.

—Lo que piensa o dice el otro no tiene valor si no es congruente con sus actos.

—No confíes en nada ni en nadie, ni siquiera en ti mismo, porque todo puede cambiar.

—No te engañes, la lucha por el poder nunca va a beneficiar a los que no tienen poder.

—La guerra nunca va a beneficiar al soldado.

—Quien no es fiel a su palabra, tampoco lo será en sus actos.

—Mentir no es un arte, es un acuerdo tácito entre gobernantes y gobernados.

—Casi todo lo que crees que sabes, suele ser simple repetición.

—Si la mentira es real, ya tienes en tus manos una cosa verdadera.

—A la mentira mil veces repetida le llaman realidad o tradición.

—Si no puedes (o no quieres) ser libre, independiente y autosuficiente, intercambia de la mejor manera que puedas y debas.

—Evita el conflicto siempre que puedas.

—Lo peor que te puede pasar es morir, y morir es una gran liberación.

—Cuando perdonas al otro, en realidad te liberas a ti mismo.

—Si te desagrada el lodo, no entres en el chiquero.

—Quien tiene escrúpulos o es sabio, jamás hace cosas de su desagrado.

—Quien apoya a un gobernante o a un poderoso, va en busca de su propio daño.

—Nadie puede huir de sí mismo, por mucho que engañe y huya de los demás.

—La política no es ni nunca ha sido cosa del pueblo, sino de sus dueños.

—Aunque tampoco es perfecta, la naturaleza es la mejor opción, solución y respuesta que tenemos.

—Haz lo mejor que puedas y sepas para ti y para los tuyos, porque al final de cuentas las cosas cambian, eres demasiado pequeño y lo que ayer era malo hoy puede ser bueno; mientras que lo que ayer era bueno, hoy puede ser lo peor de lo peor.

—Por racional que sea, si algo se puede moldear y manipular a través de los más irracionales emociones y sentimientos, es el pensamiento.

—Un solo hombre, por poderoso que sea, no puede mandar ni dominar al mundo, pues necesita de cómplices o colaboradores hacerlo.

—El próximo gobierno jamás será mejor que el anterior, simple y llanamente porque no hay gobierno bueno.

—No hay gobernante sabio, ni sabio que sea gobernante.

—El no-gobierno sería una posibilidad, siempre que no se nombre y sea natural e inherente a la humanidad entera, como el respirar.

¿Lo dijo o no lo dijo Lao Tse?
¿Son no son frases del *Tao Te King*?
¿Tienen esencia Tao o no la tienen?

Todo tiene esencia del más puro Tao, porque en la esencia del Tao se encuentra el sendero que lleva al Todo y a la Nada, y es parte inequívoca de la existencia en este planeta.

¿Podrá el ser humano algún día fluir en libertad integrado en la naturaleza en plena armonía con él mismo y con sus hermanos, comprendiendo y adaptándose a los cambios y transformaciones de la sociedad y del planeta, como pretendiera Lao Tse?

Quién pudiera saberlo, aunque parece deseable.

Quizá solo haga falta un rayo de lucidez sobre los miles de millones de seres humanos que pueblan la Tierra, o la extinción total para que el planeta siga su propio sendero con una naturaleza que tampoco es perfecta.

Tal vez la respuesta no se encuentre en lo racional, y sí en el alma y el espíritu, en la integración y complementariedad del Yin y el Yang internos para el alcanzar el Qi, o equilibrio universal que tanto queremos y tememos.

VI
El Tao
y el alma

El alma es Yin,
el espíritu es Yang,
por lo que en el alma
hay un poco de Yang,
y en el espíritu
hay un punto de Yin.

El alma, la psique, es emocional, sensible, sentimental, romántica, receptiva e incluso algo moral, pero también puede ser salvaje, apasionada, emocional, rebelde, celosa, ambiciosa, codiciosa, animosa y temperamental, entre muchas otras cosas, con una gran influencia en nuestro comportamiento, en nuestra salud y en nuestro cerebro y sus pensamientos.

Además, en el alma hay un punto de trascendencia, de espiritualidad, de elevación y de capacidad de visión de otras realidades, como alimento para que la mente produzca alucinaciones, imaginaciones, ilusiones y toda clase de fantasías, unas hermosas y creativas, y otros verdaderas locuras y mentiras no tan buenas.

Del alma brota el más puro e incondicional amor, pero también de ella brota el odio y la ira de la forma más, obcecada e irracional.

Mantener el alma en equilibrio con todo lo que nos rodea, e incluso con uno mismo, parece una tarea imposible.

Por un lado, se nos dice que hay que externar las emociones y los sentimientos para que no se nos queden dentro y nos hagan daño.

Por el otro se nos conmina a que seamos templados y que no permitamos que se nos escapen de las manos.

Respira hondo por la nariz, exhala suave y largamente por la boca, tómate un segundo y entonces reacciona moderadamente ante cualquier avalancha de emociones o de sentimientos, pero a menudo la reacción es más rápida, casi instantánea, que la respiración y nos gana, incluso si no la expresamos directa y abiertamente, pero nos gana y en ese momento ya hemos sentido odio, rabia, ira, ganas de matar a algo o a alguien, o bien ya hemos sentido el flechazo de Cupido, las ganas de besa, acariciar o alabar.

No lo externamos, pero igualmente lo sentimos.

El Tao propone el equilibrio y la consciencia de aceptar lo que sentimos como algo natural como respuesta al medio, del cual además formamos parte.

Ni represiones ni exabruptos, ni fingida moderación ni exagerada o falsa respuesta, simple y llana sinceridad, de forma amable, pero concisa.

Ni mentir a los demás ni mentirnos a nosotros mismos, así el alma estará más tranquila y sufrirá menos en el caso que dicha emoción nos pueda hacer sufrir.

ANIMALES DE COSTUMBRES

La vida es como es y no es nada fácil cambiarla, porque los primeros en resistirnos al cambio somos nosotros mismos.

Los seres humanos tienen una gran capacidad de adaptación a cualquier situación, y se pueden acostumbrar a todo tipo de estados, incluso a los más difíciles y negativos.

Nos acostumbramos a:

El frío.
El calor.
El dolor.
La fatiga.
El sufrimiento.
La locura y la sinrazón.
A ciertas enfermedades crónicas o comunes.
El hambre.
El gobierno, malo o peor.
El ruido.
El silencio.
La sordera.
La falta o ausencia de sexo.
La mediocridad.
La falta de dinero.

El alcoholismo y la drogadicción.

El barrio o la ciudad en que vivimos.

La suciedad y la basura.

La falta de agua o de luz.

La soledad.

La compañía deseada o no deseada.

Los argumentos repetitivos de novelas, cine, televisión y similares.

Las mentiras, sobre todo si provienen de la pareja o de la familia.

Incluso a las malas digestiones, la comida tóxica y la falta de sueño entre muchas otras cosas más que sabemos que están mal, que nos molestan o enferman, pero que seguimos soportando casi estoicamente, o que continuamos haciéndolas.

Nos podemos quejar más o menos.

Más si somos pesimistas o amargados.

Menos si somos optimistas y alegres.

Incluso podemos salir a la calle y protestar, y hasta iniciar un levantamiento o una revolución para reclamar nuestros derechos, pero no dejamos de estar acostumbrados a la mala vida, y tras las protestas y las revoluciones volvemos a los mismos vicios y costumbres que teníamos y padecíamos antes, e incluso somos capaces de aumentarlos.

También contamos con válvulas de escape, que nos permiten apartarnos de nuestras malas costumbres al menos por un cierto lapso de tiempo, como el descanso, la meditación, la intoxicación, la fiesta, un espectáculo, una fecha en especial, carnavales, un viaje y una que otra transgresión, para luego recuperar nuestros errores a los que llamamos vida, y a los que estamos tan acostumbrados.

Es más, si a alguien le quitan sus malas costumbres, se enfada, se molesta, finge que va a enmendarlos y luego cae en peores excesos, o se modera lo más que puede y llega a odiar a quien tiene o realiza sus mismos defectos.

Nos acostumbramos a todo, tanto, que el cambio o la transformación nos asustan, como en el refrán que dice que "más vale malo por conocido, que bueno por conocer".

Arrastramos malas costumbres desde hace doce mil años por lo menos, y las seguimos manteniendo, incluso reforzando, a pesar de que la vida nos grita que todo cambia, que todo se transforma, que nada es eterno, y que podríamos vivir mucho mejor si aceptáramos que nada es permanente y que lo nuevo y desconocido no es malo por sí mismo, sino que somos nosotros los que lo conceptualizamos o tachamos de malo o bueno.

Los accidentes y las guerras son cambios terribles y normalmente negativos, pero, curiosamente, hay gente que los asume y hasta se acostumbra a padecerlos, entre otras cosas, porque no le queda más remedio; y que sin embargo no se acostumbra a la bonanza, la estabilidad, el pleno empleo, la limpieza y el orden social.

A veces estamos tan acostumbrados a la mala vida, que nos sentimos fuera de lugar en la buena, abundante, sana y armónica existencia, y consideramos aburridos, petulantes y hasta odiosos, a los que gozan de ella.

"¡Alma de limosneros!" Decía mi abuela.

PERO, ¿QUÉ ES EL ALMA?

El alma es el centro de las emociones humanas, la psique del comportamiento, de esencia Yin, receptiva a todas las motivaciones y con capacidad de reacción que absorbe y refleja tanto en la mente como en el cuerpo, expresando de esta manera su punto Yang.

Como es receptiva necesita y desea alimentarse, y desde su punto Yang alimentar al cuerpo y la mente.

Por eso nos gusta sentir, amar, emocionarnos, llorar, sufrir, reír, vibrar, y a veces lo hacemos con cosas realmente importantes de la vida, y otras veces con cualquier nimiedad, absurdo o tontería, como el humor, el triunfo o la desgracia, una novela rosa o un partido de fútbol.

Las emociones pueden ser incluso privadas o de un pueblo o grupo en particular, que solo emocionan a quien las conoce o ha experimentado, dejando fríos a los extranjeros o ajenos al grupo; es decir, culturales.

Las personas que no se emocionan con lo que se emocionan los demás suelen ser tildadas de frías, secas, aguafiestas, creídas o presuntuosas, e incluso malvadas o faltas de sentimientos, simpatía o empatía.

Hay gente urbana que llora y sufre al ver cómo se mata a un cerdo, una vaca o una gallina, cuando para la gente de campo es algo de lo más normal y no despierta en ellos ningún tipo de emoción ni positiva, ni negativa.

Por supuesto, la gente urbana se come la carne de los animales sacrificados sin llorar, porque en realidad no les duele ni les importa que los maten, sino el verlo y pasar una experiencia que no es habitual para ellos, y que por lo tanto les choca y les emociona.

El alma, como todo el universo, es cambiable y adaptable, y no es ni buena ni mala, simplemente es sensible a unos estímulos e indiferente a otros, tanto porque se acostumbra o por seguir la corriente de lo que los otros dicen que sienten.

Los soldados, criminales, sicarios y asesinos en serie, se acostumbran, por desgracia para los demás, a matar y a delinquir. Quizá la primera vez se espantan, pero a partir de la segunda o tercera víctima se acostumbran y hasta sienten placer y excitación al hacerlo, y por ello se dice que sus almas están enfermas, y posiblemente sí lo estén, pero no hay que olvidar que con impunidad y poder, gran parte de la humanidad estaría dispuesta a matar y a delinquir sobre el hermano, el enemigo, el vecino, la ex pareja o contra quien sea, y encima pensar o creer que ha hecho lo que tenía que hacer, sobre todo si sus actos criminales son varios y le pagan o consigue recursos y reconocimiento al hacerlo.

En cierta manera el alma es aquello que nos anima

y da vida, como a cualquier animal o ser vivo de este mundo, astuta y manipuladora, pero no racional; tierna y dulce, pero no santa; hermosa y atractiva, pero no constante ni segura; o cruel y despiadada cuando le conviene o considera necesario.

Esa es el alma, y por eso muchos filósofos se niegan a empatarla con el espíritu, como Platón, pues lo espiritual sería lo más elevado, lo perfecto, lo ideal, algo que está por encima de las capacidades humanas terrenas y que muchas veces ni siquiera sabemos concebir o definir.

Desnudando el Yin y el Yang

Para la tradición china milenaria, y para el Tao, hay dos principios fundamentales, el Yin, principio receptivo, y el Yang, principio activo.

El Yin (color negro) y el Yang (color blanco)

—Cuando se unen y complementan estos dos principios, se produce el Qi, o fuerza espiritual central, que mantiene el equilibrio entre los dos principios básicos.

—El Yin tiene un punto de enlace Yang.

—El Yang tiene un punto de enlace Yin.

—Normalmente las mujeres representan al principio básico Yin.

—Y normalmente los hombres representan al principio básico Yang.

—Sin embargo, aunque muchas publicaciones se lo ahorran, una persona nacida hombre puede emanar el principio básico Yin, considerado femenino.

—Y una persona nacida mujer puede emanar el principio básico Yang, considerado generalmente masculino.

—Por lo tanto, el Yin y el Yang no solo son reflejo del sexo biológico de las personas, sino la fuerza vital que emanan, sin olvidar que en Yin siempre hay algo de Yang, y en Yang siempre hay algo de Yin.

—Un hombre Yang con un hombre Yin pueden lograr el complemento y producir el Qi, incluso si no hay sexo de por medio.

—Una mujer Yin y una mujer Yang pueden lograr el complemente y producir el Qi, incluso si no hay sexo de por medio.

—La complementariedad Yin-Yang solo requiere de los principios básicos contrarios y, por lo tanto, complementarios.

—Yin con Yin no produce el Qi.

—Yang con Yang no produce el Qi.

Yang con Yang no produce Qi

—Igual con igual se pueden ayudar, pero no son complementarios.

—El cuerpo y la mente, donde el cuerpo es Yang activo y la mente Yin receptivo, si se complementan y producen el Qi; también si el cuerpo es receptivo, Yin, y la mente es activa, Yang; pero no si el cuerpo es Yang y la mente es Yang, y tampoco si el cuerpo es Yin y la mente Yin.

—En la unión del cuerpo y el alma, el cuerpo es Yang y el alma Yin, con posibilidad de intercambio; y en la unión de la mente y el alma, el alma es Yang y la mente es Yin, también con posibilidad de intercambio de papeles; e incluso puede haber dos Yang o dos Yin, creando cierta confusión, rechazo propio y ajeno, y sensación de incomprensión o abandono.

Yin con Yin no produce Qi

—Por su parte, el alma es normal y generalmente Yin receptivo, y el espíritu, ese gran des-

conocido, es Yang activo, y cuando se unen y complementan producen un Qi elevado y poderoso; raras veces el alma es Yang, activa, y el espíritu Yin, receptivo, pero no es imposible y al unirse producen un Qi sensible y armonioso.

—Un alma Yang y un espíritu Yang producen más conflictos que soluciones, y alteran el Qi, lejos de tomarlo como centro energético de equilibrio, porque suelen chocar y competir en lugar de unirse.

—Un alma Yin y un espíritu Yin generan malestares y desequilibrios emocionales cuando intentan unirse, porque rebajan la energía de Qi al ser estéril su unión.

La naturaleza es la que es, aunque la tecnología pueda remodelar el cuerpo para satisfacer complejos del alma, por lo que lo mejor y más efectivo y productivo, es que las uniones sean entre Yang y Yin, a pesar de que alguien las señale de machismo, misoginia o desvelado feminismo.

En la China milenaria la homosexualidad femenina y masculina, así como los eunucos y otras tendencias sexuales y amorosas, espirituales o anímicas, no tenían un marcador social negativo, aunque sí era especialmente patriarcal en las clases altas y urbanas, y de diversas maneras en el campo, las montañas y las regiones apartadas.

"Si los cambios de región o de aires no te mejoran, quizá deberías cambiar de alma", señala Séneca en su carta póstuma.

Efectivamente, nadie nace con alma de mujer (Yin) ni con alma de hombre (Yang), sino simple y llanamente con alma, es decir, con capacidad emocional para responder a los estímulos internos y externos, nada más, el resto, como diría Lao Tse, "se construye todos los días y puede cambiar o transformarse en cualquier momento".

VII
El Tao
y el espíritu

No es, pero está,
no está, pero es,
y se le nombra
y se le denomina
aunque en realidad
no se le pueda definir
ni nombrar.

¿Qué es el espíritu?
¿Es el alma?
¿No es el alma?
¿Existe o es otra fábula humana?
¿Es la esencia del ser?
¿Es lo ideal que no se puede concebir ni alcanzar?
¿Es un estado?
¿Es algo distinto a lo que experimentamos en esta vida?
¿Es nuestro ser elevado y libre de toda atadura material, intelectual y emocional?

En la filosofía del Tao, además de definirse como

el ser elevado y libre de toda atadura material, intelectual y emocional, el espíritu humano tiende al Todo y a la Nada que se complementan para darle existencia y absorberlo finalmente.

Las definiciones y concepciones acerca de su existencia, o no—existencia, son diversas en las diferentes filosofías y misticismos, y casi el único consenso al respecto es que es inasible.

Es, pero no está; está, pero no es.

Puede ser la parte divina y elevada de todos y cada uno de los seres que pululan por el universo.

Puede ser el cuerpo astral, o la parte de los cuerpos físico y emocional que se conectan con la dimensión espiritual.

En el Tao los cuerpos físico, emocional e intelectual están interconectados, y cuando se unen y complementan logran un Qi (energía universal) potente y equilibrado, que es el que se conecta con el cuerpo espiritual, aunque ese cuerpo, más que cuerpo, es una esencia ajena a las concepciones humanas, a la consciencia del yo, a la identidad y prácticamente a todo lo que conocemos y conceptualizamos.

El espíritu es como el Abuelo Sabio que ve todo desde lejos sin inmutarse, pues ya lo sabe y lo conoce todo y nada le sorprende, está más allá del bien y del mal, de la vida y de la muerte, y solo contempla la existencia como quien contempla el aire.

No manipula ni interfiere, aunque puede inspirar y ayudar a crear, pero sin ninguna intención ni motivo de todo aquello que conocemos como intención y motivo.

Es, pero no es; está, pero no está; y, si se le puede nombrar o conceptualizar a partir de las ideas y los conocimientos humanos, no es espíritu de verdad, sino un muy pálido reflejo de lo que somos capaces de imaginar lo que es en realidad.

No se le puede fotografiar ni pintar ni dibujar.

No se le puede definir con escritos o palabras.

No se le puede sentir emocionalmente, pero se le puede intuir y presentir, pues está conectado con nuestra parte más animal, es decir, con el alma.

Sin embargo, realmente no es divino ni sagrado, ni da salvaciones ni redime a nadie ni hace milagros; es decir, no es un dios, simplemente es el ser conectado al Todo y la Nada, al igual que muchos otros seres que habitan en otras dimensiones fuera de este mundo y que a veces nos acompañan (les llamamos dioses, ángeles, demonios, seres astrales, musas, númenes), que tampoco son tan divinos ni pueden salvarnos o hacernos milagros, pero que están ahí, como nuestro propio espíritu, y que no son mejores ni peores que los seres humanos.

Cosmogonía Tao

Para el Tao no hay comienzos ni finales definidos.

En realidad, nada empieza ni nada acaba, solo cambia y se transforma.

No hay creación.

No hay intención ni sentido en lo que nosotros concebimos como intención o sentido.

No hay una inteligencia magna o celestial que lo organice todo.

No hay principio ni final, sino ciclos.

El universo se organiza por sí mismo sin ninguna ayuda sagrada externa.

El universo, tanto como este mundo, es un organismo vivo que siempre está en perpetuo movimiento, evolucionando y desarrollándose.

El universo, como nosotros, es una parte infinitesimal del Todo y la Nada.

Cuando meditamos seria y profundamente, nos acercamos a esta consciencia, pero cargados con el cuerpo, la mente y el alma, no podemos comprenderla del todo, aunque sí podemos "ver" su existencia.

En los viajes astrales también podemos acercarnos a estas realidades, que asustan o deslumbran a algunas personas practicantes, tanto porque no se parecen en nada a lo que conocemos en este mundo, como porque no se puede dominar el trayecto del viaje astral que nos lleva a cualquier lado, en una experiencia muy parecida a la muerte, pues al espíritu solo se llega (y no siempre) una vez que hemos dejado atrás al cuerpo, a la mente y al alma.

El espíritu, como el universo, es eterno, no se crea ni se destruye, solo se emana, se experimenta y se transforma.

Así nació este mundo, en una emanación y transformación del universo.

Así también nació el ser humano, en una emanación, evolución y transformación del espíritu que nos posee, o que todos poseemos.

EL VIAJE ASTRAL DE XI LI

La princesa Xi Li deseaba hacer un viaje astral más que nada en este mundo.

Su belleza y poder eran inconmensurables y todos la adoraban y le rendían tributo.

Tenía muchos admiradores y pretendientes, incluido el gran Gengis Kan.

Vivía en un gigantesco palacio y gozaba de todas las comodidades habidas y por haber.

Lo tenía absolutamente todo.

Pero a ella no le interesaba nada de eso, y se aburría soberanamente.

Un día escuchó que los monjes Tao hacían algo extraño, viajes astrales, y se interesó en el tema.

Pidió que trajeran a su presencia al más sabio de esos monjes, un hombre llamado Chan que instruía a otros monjes al sur de su palacio.

Chan se presentó ante Xi Li.

Ella le pidió un viaje astral.

—No puedo dártelo, porque es algo que solo cada uno puede hacer.

Y le enseñó las técnicas de relajación, meditación y recogimiento para que pudiera hacerlo.

Xi Li siguió las indicaciones y cada noche se retiraba a su habitación zen ordenando que nada ni nadie la molestara, y que no debía haber el menor ruido hasta que ella saliera de su habitación, so pena de muerte para quién la inquietara.

Probó varias veces con pocos avances.

Logró proyectar la mente, pero seguía atrapada en su cuerpo físico.

Logró proyectar el alma, pero seguía atrapada en sus emociones.

Por fin, una noche de luna llena sintió algo diferente: su cuerpo físico pareció quedarse inmóvil mientras su cuerpo astral giraba y se bamboleaba sin que ella pudiera evitarlo.

Luego percibió cómo su cuerpo astral se elevaba un poco, como si se pusiera de píe y al girarlo un poco se vio a sí misma sentada en su cojín de seda, con los ojos cerrados y completamente inmóvil.

Se asustó.

Verse a sí misma sin recurrir a un espejo, de cuerpo completo, le hizo pensar que podría estar muerta, o muriéndose, pero no pudo hacer nada para despertar o volver a su cuerpo.

Esa noche había seguido los siguientes pasos:

Sentarse.

Vaciar la mente.

Ser consciente de su respiración.

Inhalar nueve veces, una por Khan, otra por Qian, otra por Gen, otra por Dui, otra por Chen, otra por Kun, otra por Xu y finalmente otra por Li, para hacer una última inhalación por Qi.

Retener nueve veces, una por Khan, otra por Qian, otra por Gen, otra por Dui, otra por Chen, otra por Kun, otra por Xu y finalmente otra por Li, para hacer una última retención por Qi.

Exhalar nueve veces, una por Khan, otra por Qian, otra por Gen, otra por Dui, otra por Chen, otra por Kun, otra por Xu y finalmente otra por Li, para hacer una última exhalación por Qi.

Retener sin aire nueve veces, una por Khan, otra por Qian, otra por Gen, otra por Dui, otra por Chen, otra por Kun, otra por Xu y finalmente otra por Li, para hacer una última retención por Qi.

Luego perdió toda sensación y de pronto se vio fuera de su cuerpo físico.

Su cuerpo astral se alejó de la habitación zen traspasando las paredes, y luego deambuló por el palacio, y, de golpe, salió volando a una velocidad imposible hacia adelante y vio el futuro, que no reconoció, con ciudades enormes y luces por todas partes y carruajes que no eran tirados por caballos, y, desde ahí, cruzó el espacio y vio otros mundos y las estrellas sin comprender lo que estaba viendo.

Por un lado, estaba fascinada y quería seguir viajando, pero por el otro estaba aterrada porque no dominaba sus movimientos y no podía hacer otra cosa que contemplar y observar, como en algunos sueños, pero sin saber qué eran muchas de las cosas que se le iban apareciendo.

Hubo un momento de tranquilidad y se sintió extrañamente reconfortada, llena de paz y de una suave alegría. Nada pasaba, nada se movía, todo era oscuro, cálido y agradable, como un sueño de lo más profundo.

No supo cuánto tiempo estuvo así.

De pronto sintió como si le hubieran dado un golpe o un empujón de aceleración tremenda, y se vio atravesando un largo túnel, entre oscuro en el centro y brillante por los bordes.

Al final del túnel se adivinaba una claridad que se iba haciendo cada vez más expansiva, hasta que quedó flotando dentro de la misma.

Esa claridad se parecía al cielo semi nublado de la primavera, pero sin viento, sin calor ni frío, entre transparencia y luminosidad envueltas en colores blanco y azul celeste.

Creyó entrever al fondo una especie de palacio de proporciones enormes y entre blanco y dorado, con una gran puerta, pero sin murallas, por lo que pensó en acercarse hasta el palacio y entrar por los flancos.

Su cuerpo astral parecía obedecerle y acatar su voluntad de acercarse al palacio dorado, y empezó a flotar suavemente hacia él, primero con cierta inseguridad, pero luego de forma decidida y firme.

Cuando ya estaba cerca de la puerta, de entre las nubes salió un gigantesco ser de color azul intenso.

—No es tu momento —le dijo a Xi Li.

Xi Li, que no estaba nada acostumbrada a que la contrariaran, le contestó.

—Mi momento es cuándo yo quiera.

El Guardián Azul sonrió tan ampliamente, que pareció una carcajada.

—Pues este no lo es, tienes que volver a tus aposentos.

— ¡Volveré cuando yo lo desee!

Esta vez la carcajada del Guardián Azul fue tan potente, que todo cimbró y Xi Li se sintió mareada y asustada.

—Volverás ahora mismo —dijo el Guardián Azul—,

y con un gesto de algo que parecía el dedo índice de una enorme mano, la princesa Xi Li sintió una caída terrible, oscura y demasiado larga.

Se despertó de golpe en su habitación zen tras la larga caída, en donde ya no estaba sentada, sino desparramada por el suelo y completamente entumecida, y volvió a sentir el frío de la muerte física, pero ya no tuvo miedo.

"Guardián Azul", pensó casi en voz alta, "¡volveremos a vernos!"

La princesa Xi Li hizo muchos viajes astrales durante su vida en esta Tierra, y vio y aprendió muchas cosas que elevaron su entendimiento y que compartió con su pueblo con una nobleza de alma que no había tenido nunca y que iba en aumento, pero no volvió a encontrarse con el Guardián Azul hasta el último viaje astral, con el espíritu libre de toda atadura y satisfecho.

En el Tao no todo son sabios y princesas, porque hay una China moderna con clases baja y media, como la mía, cuyo enfoque del espíritu es algo diferente:

CAMA

Chan no nació ni se crio en noble cuna, porque nunca tuvo una. Estera o "hamaca" en el pueblo, pero en los suburbios de la gran ciudad pura tierra con una manta, como los japoneses, una especie de colchón al suelo, o catre sin almohada, hasta que se independizó, se arrejuntó con Lu, la señora, y pudo alquilar un pequeño departamento de obra social, donde pudo unir dos camas individuales para que pareciera una cama matrimonial en la mínima habitación principal.

Lo que en verdad quería Chan era una cama King Size, de esas que salen en las telenovelas coreanas, la deseaba, la soñaba, la esperaba, la pedía a sus dioses Tao o budistas, y a sus santos occidentales. Una cama King Size, con un colchón mullido, suave, elegante, confortable y sus respectivos almohadones. No importaba si apenas cupiera en su cuarto, donde incluso la "cama matrimonial" ocupaba demasiado espacio.

Dicen que soñar no cuesta nada, pero no es cierto, porque a Chan su sueño le quitaba el sueño y le costaba buena parte de su salud. Dos turnos en la fábrica no eran suficientes, y los mercadillos de fin de semana donde vendía libros, aunque le permitían cubrir ciertos gastos de supermercado, no daban para mucho más. ¿Ahorrar? Imposible con la obligación anual de los útiles de los niños (solo tres) cada curso, junto con los uniformes y el transporte escolar, las excursiones y las cuotas, se comían lo poco que quedaba en el banco cuando quedaba algo.

Una vez, antes de que naciera su primer hijo, estuvo a punto de comprar su soñada cama, pero su mujer quiso una televisión de verdad, o de plasma, grande y con muchas aplicaciones; luego un buen aparato de música; los gatos y el perro; los seguros de vida y funerarios; el acuario; la reforma del baño; la reforma de la cocina; y, por supuesto, el teléfono móvil o celular, la tableta y la computadora. El alquiler de la pequeña casa era barato, pero a cada mejora era un añadido a los gastos mensuales que inevitablemente iban en aumento, sobre todo el gas y la luz, con lo que la deseada cama quedaba en el mundo de los sueños, lejos, muy lejos del presupuesto.

Chan veía pasar los años con un balancín frente al televisor, cada vez más grande y moderno para contentar a la señora, como único lujo para él. La camioneta no era un lujo, sino una necesidad para el trabajo, los mercadillos y las vacaciones al pueblo, siempre en camas estrechas e incómodas, o suelo y estera, muy lejos de la talla rey que Chan ansiaba.

Por fin, los niños se hicieron hombres y se fueron de casa, la señora, Lu, dejó de exigir toda clase de aparatos domésticos, y Chan se dispuso a comprar su cama en cómodos plazos casi en secreto, pues a la señora nunca le había interesado el tema y en cuanto Chan lo mencionaba, a ella se le ocurría comprar algo más práctico.

El día que llevaron la cama talla rey con sus sábanas imitación seda y sus cuatro almohadas gigantes, sin olvidar el floreado edredón para las épocas de frío, Chan sintió que el cielo lo premiaba, aunque su mujer pusiera mala cara y esa noche se fue a dormir a la sala pretextando que quería ver una película de las que no le gustaban a Chan. Ya se le pasaría.

Esa noche Chan disfrutó como un niño de su cama y se entregó al sueño más hermoso y profundo que pudo imaginar nunca, pues esa misma noche Chan pasó dulcemente al otro lado nadando en sábanas de raso. Cuando muera, pensó, voy a pedir como última voluntad que me entierren con todo y cama.

Esa noche mágica todo iba la mar de bien, la cama volaba entre las nubes, hasta que, de pronto, la cama frenó, bajó, y dejó subir a una mujer con su hijo en brazos. Buenas noches, señor, gracias, le dijo la mujer, así iremos mejor con el Emperador de Jade. Chan no supo qué decir. El vuelo se reanudó, y Chan volvió a disfrutar del mullido colchón, total, la mujer era menuda y su hijo un bebé que no ocupaban más que un rincón de la cama.

Chan creyó que estaba simplemente soñando, hasta que la cama hizo una nueva parada, y luego otra y otra hasta llenarse de todo tipo de desconocidos, que muy educados le daban las gracias a Chan por recogerlos. Entonces Chan lo comprendió todo, no respiró hondo porque los muertos no respiran, pero sí suspiró y se resignó a compartir su cama King Size con otros difuntos hasta que ya no cupo nadie más. Chan agradeció que a pesar de todo le hubieran dejado lugar dentro de su propia cama para estar cómodo. Bueno, se dijo, si estoy muerto al menos mi cama va conmigo hacia el Cielo.

El Infierno era impensable porque Chan era un buen creyente que iba al culto cuando podía, devoto de San Roque y de la Virgen de Guadalupe gracias a un amigo mexicano, y había sido un fiel marido (nunca tuvo la oportunidad de fallar) y un mejor padre, como indicaba Confucio.

Las sábanas de raso, de satén o de lo que fuera que imitaban a la seda, eran una delicia, y las almohadas un verdadero placer.

Lu, la señora, cuando lo vio tan apaciblemente muerto y helado, llamó de inmediato a la casa de muebles para que fueran por la cama y le devolvieran la entrada, y luego al médico y a los servicios funerarios, escogiendo un ataúd práctico y de cartón, aunque nada cómodo, porque se quemaba más rápido, la incineración salía más barata y no tenía que pagar los extras que no cubría el seguro de muerte, cobró el jugoso seguro de vida (como tantos otros hombres en el mundo, Chan valía más muerto que vivo), arregló la pensión de viudez, y se deshizo de una de las camas individuales que simulaban la cama matrimonial, porque así le costaría menos hacer la cama todas las mañanas.

Chan, una vez muerto y en el Todo, no se enteró absolutamente de Nada.

Shen, el Espíritu

Lao Tse nos diría que cada espíritu (Shen), como cada alma, mente y cuerpo, sigue su propio Tao, su propio sendero, porque tanto en la vida como en la muerte, cada persona tiene su propia manera de caminar y llegar, y ni es mejor ni es peor, ni más elevado o más bajo, simplemente es su propio, único y exclusivo sendero.

VIII
La vida y la muerte en el Tao

Le llamamos muerte
a un cambio,
a una transformación,
cuando la verdad
es que en este universo
nada muere.

Sobre lo que viene después de esta vida hay muchas teorías, unas más difíciles de comprobar que otras, pero todas tan válidas para sus creyentes como si fueran reales descubrimientos de la más prestigiosa y acurada ciencia.

Unas de orden salvador y religioso en las que se ofrece un Nirvana, un Cielo, un Infierno o una larga existencia en la muerte gris y triste como en el Hades griego.

La reencarnación es la posibilidad hindú, hasta que el espíritu se libera de la carne, las emociones, los pensamientos y de todo lo que hay en este mundo.

También está la teoría de la reencarnación genética, es decir, que los genes se van reencarnando generación tras generación, de padres a hijos, con lo que quienes no se reproducen no reencarnan y, al menos en su propia línea genética, mueren de verdad y para siempre, mientras que los que sí se reproducen vuelven a vivir a través de toda su descendencia: hijos, nietos, tataranietos, etcétera, hasta que se interrumpe la cadena.

Hay religiones, como la hebrea, que habla de una pervivencia también a través de las generaciones gracias a la sangre materna, aunque no precisamente genética, pero sí en una especie de permanencia vital y racial, con mesías incluido, hasta el final de los tiempos.

El fenómeno de las visitas de los muertos a los vivos, como sucede en Japón el mes de julio, nos habla de una existencia más allá de la muerte del todo emocional y vía familiar.

En Latinoamérica los antepasados visitan a los vivos en cualquier época del año, ya sea en sueños, estados de vigilia o estados alterados de consciencia, o en cualquier momento sobre todo cuando el fallecimiento es reciente.

"Mi abuela vino a despedirse", dice quien ha visto a su abuela después de muerta, lo que sucede cuando la persona viva está lejos de la persona que muere.

Hay otras despedidas de muertos no familiares, amigos queridos o amores quedados en el olvido, que, al no encontrar a la persona viva, le dejan un mensaje con cualquier persona cercana, o con una bruja o una vidente.

Este tipo de apariciones *postmortem* parecen indicar que tras la muerte no hay un avance espiritual significativo, que el alma emocional y sensible del difunto sigue presente y no se ha liberado de sus lazos sentimentales.

También hay fantasmas a los que les preocupa el dinero, las deudas o la herencia material que han dejado, y se ponen en contacto con sus familiares, amigos o seres queridos para indicarles dónde está el tesoro, el dinero, las acciones o los bienes materiales que dejaron en la Tierra.

Ese tipo de más allá, en el que los sentimientos y las preocupaciones materiales siguen vigentes, y por lo tanto no ha habido desapego, parecen hablar de un más allá muy parecido al más acá, donde se siguen necesitando relaciones materiales y sentimentales, como en los primeros entierros, en los que se enterraba al muerto con armas, joyas y hasta comida, para que no lo pasara mal en el otro mundo.

Un más allá muy parecido a este mundo donde la espiritualidad brilla por su ausencia, o es de una manera que no sabemos ni podemos conceptualizar.

Para el Tao la vida y la muerte son una línea continua del ser y del no ser, ciclos de cambios y transformaciones dentro del Todo y la Nada a los que todos pertenecemos, nada más.

Los entierros y lo que se hace con el cuerpo de la persona fallecida son cosa de sus deudos, y habla más de la familia y su prestigio social que del muerto, algo que no es exclusivo ni del Tao ni de China, pues se practica en el mundo entero.

Entierro en la antigua China

El cuerpo, por tanto, es como la piel de la serpiente o el capullo de la crisálida, algo que dejamos en la Tierra (y que también es eterno en su composición molecular material), para que nos salgan alas angelicales, como a las mariposas, o una nueva piel más fresca y joven, como a las serpientes, y que, por lo tanto, no tiene la menor importancia.

VARIAS VIDAS EN UNA

Un Lama al morir, dicen los budistas, puede emanar mil nuevas almas, todas ellas reencarnaciones o avatares suyos, con lo que el aumento de la población está garantizado, lo mismo que la durabilidad de la vida y de las vidas hasta que el dharma depure al karma y se llegue liberado al Nirvana.

Pero quizá ciertas personas más o menos elevadas, en una misma vida presente experimentan otras vidas, como en los relatos siguientes que le pedimos prestados al Doctor Javier Tapia:

EN PAZ

Sé por experiencia o esquizofrenia propias que por lo menos hay tres (¿o serán dos o diez?) tipos de mundo: uno real y material donde triunfan la repetición y la engañosa mentira, y muy de vez en cuando lo racional; otro onírico y dimensional donde pasamos unas ocho horas diarias volando y reptando; y un mundo mágico del todo irracional, nada científico donde todo es posible e imposible, pero que funciona e interactúa con los otros dos mundos.

Yo, al menos yo, no sé usted ni los demás, vivo en los tres y no puedo negar ninguno.

Sé que cuando muera iré directamente al mundo onírico, algo loco y desordenado, pero que se parece mucho a este; y cuando muera en el mundo onírico seguiré existiendo, por gracia o por desgracia, en el mundo mágico de una manera eterna e intermitente, interactuando con los mundos que he dejado atrás (con alguna repetición como la que estoy viviendo ahora), una verdadera molestia, cuando todo lo que yo quería era morir en todos y cada uno de ellos y, finalmente, descansar en paz.

La idea de que al morir no haya absolutamente nada también está presente en varios pensamientos, pero es muy poco popular, porque eso de perder la identidad o la consciencia del yo, no es del todo apetecible, y se prefiere un más allá jerárquico, sistémico y hasta del todo materialista, donde unos dioses celosos, mandones, autoritarios y vengativos, tan humanos como los humanos, o aún peores, sean los encargados de ese mundo, cielo, paraíso o campos elíseos, siempre amenazando con los más terribles infiernos si no se les adora o si se pierde la fe en ellos.

En el *Bardo Todol*, o *Libro Tibetano de los Muertos*, se dice que cada quien experimenta la muerte de sus creencias ateas o religiosas, terribles o liberadoras, como una ilusión más, hermosa o terrible, para acostumbrarse a la idea de que están muertos:

—Un católico mariano, al morir se encontrará con la Virgen en algunas de sus miles de evocaciones.

—Un católico cristiano, se encontrará con el mítico Jesús.

—Un católico monofisita se encontrará solo y únicamente con Dios.

—No faltarán los católicos que se encuentren con San Pedro para que revise sus pecados y su fe, y los deje entrar o no al Cielo.

—Los budistas se enfrentarán a Samsara, la Rueda de las Reencarnaciones, para saber si se acercan a las Puertas del Nirvana o si deben regresar a Tierra en una próxima reencarnación para probar suerte de nuevo.

—Los taoístas se encontrarán con el Todo y con la Nada, y con el orden autónomo del Universo, para ver qué cambio o transformación le toca a su esencia espiritual.

—Los jainistas verán si han logrado su emancipación espiritual por su sabiduría y bien hacer, o si tendrán que seguir en la eterna escuela de la existencia, sin dioses que los guíen.

Los verdaderamente ateos, aquellos que piensen o sepan que todo es una cuestión de construcción social, quizá se encuentren en un mundo racional y correcto, o ni siquiera se darán cuenta de que han muerto y volverán exactamente al mismo punto donde perdieron la vida, para continuar en ella hasta el final de los finales:

RENACIDO

La primera vez que Francisco renació, ni siquiera se dio cuenta de que había muerto en uno de los tantos mundos paralelos que pueblan el multiverso. Tenía cerca de cuatro años cuando una camioneta lo aplastó sobre un montículo de arena donde el niño jugaba.

Dejó llorando a su madre, Antonieta, en ese mundo, y renació de inmediato en otro donde Antonieta ya no era tan dulce y tierna, pero sí joven y decidida que corrió a sacar al niño de entre las ruedas de la camioneta, que milagrosamente en ese nuevo mundo no lo habían matado.

En el tercer mundo, tras haber caído en una zanja por obra y gracia de sus hermanos, que no pretendían matarlo, sino simplemente hacerle una broma, renació solo con un brazo roto. La Antonieta de este mundo era poco maternal, por lo que algo molesta y enfadada lo llevó al hospital para que le arreglaran el brazo y le pusieran una férula de yeso. Todo un orgullo para un Francisco de ocho años que presumió el enyesado y lo llenó de dibujos y firmas de sus amigos y compañeros de la escuela.

En ese cuarto mundo, ya con nueve años, su hermano menor le voló la cabeza con un disparo de escopeta. Estaban jugando a los vaqueros en el rancho de la abuela con las armas del abuelo, y sin querer ni proponérselo, la escopeta, demasiado grande y pesada para el hermano menor, se disparó y lo mandó al quinto mundo donde solo sufrió un rasguño en la frente. Antonieta ni se enteró ni quiso enterarse, pero sí se enteró cuando, un año después, a Francisco le explotó la olla exprés de los frijoles, reventándole la cara y el pecho, aunque en el sexto mundo todo quedó en el susto y el castigo a cintarazos propinado por el padrastro azuzado por Antonieta.

Francisco pasó una vida tranquila hasta los quince años en el sexto mundo, cuando una infección bucal se lo llevó al séptimo mundo, que no cielo, al que llegó sin un colmillo.

El séptimo mundo fue aleccionador y terrible. Francisco viajó, estudió, se casó y tuvo dos hijos, la parejita, hasta que a los veinticinco años sufrió un accidente auto-

movilístico saliéndose de la carretera junto a su hermano mayor. En el octavo mundo ambos sobrevivieron gracias a un montón de grava y tierra que amortiguó el golpe increíblemente, y, por primera vez, Francisco fue consciente de que algo muy raro había pasado, porque esta vez sí experimentó algo parecido a la muerte, y tenía la sensación de que era imposible haber sobrevivido. Antonieta, ya muy lejos de su vida, dijo que no le importaba para nada la suerte de su hijo.

El octavo mundo fue peor que el séptimo. Francisco se dedicó al crimen. Cayó preso, y en la prisión fue atacado por otros delincuentes, como él, que lo apuñalaron y le cortaron el cuello con una botella rota. En el noveno mundo no llegaron a rajarlo, y fue él quien dejó tuerto a uno de sus oponentes, pero le sonó raro que al poco tiempo lo dejaran libre y sin cargos, porque él sí era un criminal y sus delitos eran flagrantes. Antonieta, tan criminal como él, pagó una fianza ridícula, pero no para ayudarlo, sino para que no fuera a delatarla a ella y a sus compinches.

Francisco cree que en algún otro mundo murió de septicemia tras haber pasado las paperas, no lo recuerda bien ni sabe qué número de vida o de mundo fue, pero sí tiene muy presente que vio a un ser de luz, Uriel le dijo que se llamaba, mientras Antonieta lloró solo lo necesario maldiciendo lo caro del entierro y la pequeña e innecesaria caja de muerto.

Francisco ahora está instalado en el décimo mundo, divorciado, solitario e intentando portarse bien, aunque no lo consigue siempre. Alguien le disparó por la espalda en el noveno. No supo nunca quién, y en el décimo mundo el disparo se convirtió en un molesto absceso en la espalda, lleno de pus y de sangre, pero nada más. Esta vez la consciencia fue más clara en el morir y el renacer, y Francisco le teme como nunca a la muerte, pues no hay descanso al saltar de un mundo a otro, y Antonieta, su madre, es cada vez una peor versión de ella misma, y él, por mucho que se esfuerza, también.

Dentro de las corrientes del Tao existe un nihilismo acérrimo que algunos toman por amargura pesimista, y otros por simple lucidez perfectamente encuadrada en el ser y en el no-ser, en lo que es y en lo que no-es, de la verdad que no se puede nombrar porque dejaría de ser verdad, y de la verdad más cercana que molesta y amedrenta a muchos por su crudeza al desconocer todas esas fantasías y falaces ilusiones a las que llamamos vida. Un nihilismo que hace palidecer al nihilismo acción de Jean Paul Sartre y parece burlarse del nihilismo casto e impotente de Kierkegaard:

YA MUÉRETE, HUMANIDAD

La absurda irracionalidad de los animales humanos a menudo incita a desear: ya muérete humanidad; pero luego, al ver que nosotros también somos animales humanos capaces de las peores atrocidades, se nos pasa el deseo y solo queremos que se mueran unos cuantos, algo así como el 99.99% de los seres humanos, con lo que quedarían como 700 mil personas, suficientes para repoblar el planeta y empezar de cero, con la esperanza de hacerlo menos peor.

Ya muérete, humanidad: humanidad, ya muérete.

Cuando el mundo era menos denso, demográficamente hablando, algunos apostaron por salvar a 490, setenta veces siete; 144 mil, la gruesa de los miles; una sola nación, como la alemana o la judía; una familia incestuosa, alcohólica y promiscua junto a unos cuantos animales, como en el caso de Noé; e incluso una sola pareja, para que el incesto se encargara de la procreación entera.

Ya muérete, humanidad: humanidad, ya muérete.

Los mitos y leyendas de buena parte del mundo, cuentan que los dioses se han hartado de la humanidad varias veces, y que la han destruido otras tantas cuando los niveles de nuestra estupidez, como pasa ahora mismo o como ha pasado siempre, rebasan ciertos límites, y los dioses, seres brutos, pero sensibles, no han podido más con nuestra molesta y desagradable presencia.

Ya muérete, humanidad: humanidad, ya muérete.

Pero, por gracia o por desgracia, siempre ha habido nuevos intentos, con unos cuantos salvos o supuestos elegidos, que han puesto en marcha a la humanidad de nuevo.

Es obvio que los dioses no han sido muy duchos en esto

de crear y recrear humanidades, pues la estupidez, infinita y universal, nos ha acompañado siempre, con lo que los nuevos intentos de una humanidad mejor siempre quedan frustrados.

Ya muérete, humanidad: humanidad, ya muérete.

Todo parece indicar que tarde o temprano desaparecerá del todo nuestra especie, pero no se sabe cuándo, si mañana mismo o dentro de miles de años, con la enojosa evidencia que incluso nuestra propia estupidez nos protege de un final inmediato, convirtiendo a este planeta no en una cárcel, sino en una especie de manicomio sideral donde vienen a parar todas las almas orates de distintas partes del multiverso, con la estupidez como denominador común, y, por lo tanto, veneno y antídoto de nuestra curiosa y hasta peligrosa existencia, es decir, con la estupidez como factor indispensable para mantener el confinamiento. Aunque en algunos casos excepcionales a veces lo parezca, no hay una sola mente sana y exenta de estupidez en nuestro mundo. Todos estamos tocados por ella, todos estamos contagiados, todos estamos enfermos.

Ya muérete, humanidad: humanidad, ya muérete.

La esperanza, esa muerta apestosa que nunca muere, es que algún día sanemos y podamos vivir o existir en paz sin necesidad de conflictos internos y externos, pero de momento es obvio y patente que aún los necesitamos, que nos encanta sufrir, que somos un montón de locos necios dando tumbos y palos de ciego, algunos queriendo tener a la inexistente razón de su lado, otros gozando del poder y la impunidad, y el resto, nosotros, la inmensa mayoría, actuando simplemente como torpes y manipulables gregarios, masa dispuesta a entregarse siempre y de cabeza a cualquier falsa creencia, e individuos que se creen al margen de ellas, pero todos dentro de la misma nave, del mismo planeta, del mismo barco, que tarde o temprano terminaremos hundiendo.

Ya muérete, humanidad: humanidad, ya muérete.

Mientras tanto vamos a perdernos en la tontería del momento, turno y moda, a creer que existimos, que estamos vivos, que tenemos fe, que queremos, que entendemos, que amamos, que sentimos, que luchamos, que creamos, que sabemos, que somos malos, que somos buenos, que tomamos partido, que somos neutros, que mandamos, que obedecemos, que somos algo, alguien, cobardes, listos, tontos, guerreros, los mejores, los peores, los más, los menos, los sanos, los enfermos.

Total, siempre nos queda el azar, la suerte, y la falsa y prometida redención tras la muerte.

Ya muérete, humanidad: humanidad, ya muérete.

Algo que no le parecería mal del todo al propio Lao Tse, ni a muchos de los taoístas que le sucedieron, porque el concepto final del Todo y la Nada, donde hay todo porque en realidad no hay nada, y viceversa, parece un planteamiento prefilosófico del todo nihilista, e incluso anarco nihilista por las críticas que Lao Tse hace al gobierno, al poder y a la opulencia: "Ni dioses, ni países ni gobiernos", y tampoco geometrías de bienes o dinero.

IX
El Tao
EN NUESTROS DÍAS

Todo lo que se convierte
en doctrina, dogma
o religión, se corrompe
y se pervierte.
La Verdad es inasible.

Lo primero que hay que tener muy claro, es que el Tao es una cosa, y el Taoísmo una bien distinta a pesar de fundamentarse en el Tao, porque una cosa es el camino que Lao Tse defiende como algo a la vez inmutable y cambiante, siempre en movimiento, propio de cada ser humano y de toda la humanidad, y otra cosa la guía del Tao, que es lo que pretende ser el Taoísmo, cuando en realidad el Tao es algo que no se puede nombrar y enseñar, según su fundador, porque es algo inherente a todo ser vivo, y que no se puede explicar con ejemplos mundanos, sistémicos o convencionales, porque de hacerlo perdería su verdad intrínseca y su esencia.

Cuando se le preguntaba a Lao Tse sobre qué había antes del Cielo y de la Tierra, decía franca y sencillamente que no lo sabía y que no lo podía explicar, porque de haber algo antes del antes, intuía, pero no estaba seguro, sería la Nada, o el Todo, dos principios Yang y Yin que se abrazan, mutan y todo lo transforman, porque están siempre en movimiento, pero nada más.

Aprendiendo taoísmo

Como Buda, Lao Tse tampoco quiso que se hiciera una religión de su pensamiento. "Que nadie siga mis pasos", dijeron ambos, "porque cada ser tiene su propio sendero", su propio aprendizaje y su manera particular de recorrerlo.

Es sano aprender y transmitir conocimiento, por supuesto, pero es enfermo hacer un dogma o una doctrina de ello.

El aprendizaje, como también decía Aristóteles, debe ser práctico, comprobable, repetible y experimental, pero no cerrado y doctrinario o manipulador; más conveniente para el alumno que para el maestro, aunque en cada lección ambos aprenden.

Es por eso que las escuelas no doctrinarias son sanas y buenas, y las escuelas doctrinarias, como las del estado de la religión, dogmatizan, pero en realidad no enseñan nada.

Del tao se han desprendido varias escuelas y religiones, y lo que en un principio abominaba de las figuras divinas, terminó adorando al Emperador de Jade o al Abuelo Sabio, pidiéndole milagros, pagando diezmos, adorando figuras y reliquias, apostando por la superstición y no por la sabiduría.

Por supuesto que no todas son así, solo la mayoría, y que para su fin se han fundado Escuelas de Tao, taoístas o de taoísmo, de todo tipo, pobres y hasta bien intencionadas, y otras ricas y elitistas, con intenciones lucrativas y clasistas:

—*Escuelas de arte Tao.*

—*Tao en escuelas de Arte.*

—*Escuelas de baile Tao.*

—*Escuelas de negocios Tao.*

—*Escuelas comerciales Tao.*

—*Escuelas de ciencias humanas y políticas, Tao.*

—*Escuelas de ciencias exactas Tao.*

—*Escuelas de enseñanza básica, media y superior, Tao.*

—*Institutos Tao-zen.*

—*Institutos Tao-budistas.*
—*Institutos Tao-budistas zen.*
—*Escuelas de Artes Marciales Tao.*

Entre muchas otras variedades que ofrecen Tao o taoísmo en sus prácticas o enseñanzas, ya sea de forma independiente a lo que hoy en día es la religión taoísta, o en relación con ella.

TEMPLOS TAOÍSTAS

A pesar de la Revolución Cultural de Mao, los templos taoístas se han mantenido en pie a lo largo y ancho de China, donde los más destacados son:

—Templo de la Ciudad de Dios, en Shanghái, es todo un conglomerado comercial y turístico, además de un centro tradicional de culto taoísta.

Templo de la Ciudad de Dios

—Sam Poo Kong, en la Indonesia Java, permite casi todo tipo de cultos, sobre todo los tradicionales orientales, y hasta el islam al estilo chino.

Templo taoísta Sam Poo Kong

—Templos de los Montes Wudang, donde además de meditación, zen, budismo y taoísmo, se practican las tradicionales Artes Marciales tan populares en Occidente, desde el Tai Qi Quan hasta el Kung Fu, pasando por otras más que son menos populares, pero de esencia Tai Chi.

Templo de las Montañas Wudang

—Templo del Monte Tai, o del Emperador de Jade, en la China Septentrional y donde se cuenta que el sol inicio su camino sobre la Tierra, según el taoísmo, pero no según Lao Tse, es una maravilla natural y un pequeño templo hay que se debería subir a pie o por la intrincada y larga escalera para que el ascenso sea glorioso. Por supuesto, hoy en día hay autobuses que quitan gloria y cansancio a los visitantes. Se cuenta que solo cinco de los cientos de emperadores chinos, se tomaron la molestia. Mao y Confucio, que no eran creyentes ni emperadores, subieron a pie hasta la entrada del Templo.

Templo del Monte Tai

—Templo del Monte Qing Cheng, en la provincia de Sichuan, China, en una hermosa demarcación, además del Templo principal hay pequeños Templos

Taoístas repartidos por toda la región (algo parecido sucede en el Monte Tai, donde hay hasta paradas y escalas como el budista Camino del Cielo, y muchos más).

Zona de Templos Taoístas en el Monte Qing Cheng

En el resto del mundo hay diversos Templos Taoístas; algunos permiten otras relaciones, orientales casi siempre, pero destaca su relación con el budismo, por lo que muchos templos budistas son considerados taoístas, y viceversa.

En Ontario, Canadá, se encuentra el Templo de las Tres Religiones, y otros dos Templos Taoístas de lo más peculiares.

Algunas de las Escuelas Taoístas diseminadas por el orbe también fungen como templos, o centro de culto taoísta, con las más diversas creencias.

¿EN QUÉ CREEN LOS TAOÍSTAS?

Se podría decir que en todo y en nada, aunque solo sea para seguir la tradición de su fundador, Lao Tse:

—En un solo dios, como tantas otras religiones orientales y occidentales.

—En el Emperador de Jade, o el Abuelo Sabio, como dios particular.

El dios del Tao, el Emperador de Jade

—En la moralidad y administración social y política de Confucio.

—En el Emperador Amarillo y su Esposa.

—En todas y cada una de las leyes fundamentales del Feng Shui, desde el Yin y el Yang, hasta el Qi y el sistema de Baguas (Pa kuas), que en muchas escuelas taoístas ha derivado en la Astrología China de los doce signos, haciendo su conocimiento más extenso y atractivo.

—En el Tai Chi y en el Tai Qi Quan, como ejercicios y hasta artes marciales, pero también como método para sanar al cuerpo y alcanzar la iluminación.

—En el Tao Te King, y en las palabras, supuestas o reales, de Lao Tse, como sus tres principios: humildad, frugalidad y bondad, aunque dichos principios, así como el Tao Te King y las palabras de Lao Tse, son interpretables, intercambiables, manipulables o transformables dependiendo del talante o intereses de sus seguidores, tal y como Lao Tse vaticinara: "todo cambia, se transforma y se mantiene en movimiento", o como pretexto para tomar el rumbo más conveniente.

—En maestros inmortales, como un tal Wong Tai Sin, que se venera tanto en Canadá como en Hong Kong. Tal y como hacían los jainistas a falta de divinidades en sus templos; o los budistas en el caso de Siddhartha Gautama, donde Buda ha sido divinizado por sus seguidores.

Templo Taoísta Wong Tai Sin, en Hong Kong

—En el poder de la pasión humana, como el amor, pero también como el sexo, aunque las tendencias más recatadas del taoísmo lo encierran en las relaciones matrimoniales responsables y de pareja.

—También en el Todo y en la Nada, incluso desde un punto de vista científico, que busca explicar la constitución del Universo, donde el Todo es la materia visible, y la Nada la Energía y la Materia Oscuras, por lo que no es nada extraño encontrar acérrimos taoístas en la Nasa o en los laboratorios de física en Canadá y Francia.

**El humilde Templo Taoísta
Wong Tai Sin de Canadá**

—En la liberación espiritual y el desapego, pero también en el buen uso de la abundancia material, el altruismo y la generosidad, por lo que la riqueza bien empleada no está prohibida.

Zoroastro o Zaratustra

—En las enseñanzas de los que consideran como los grandes maestros de la humanidad, incluidos algunos filósofos griegos y romanos, pero sobre todo de Lao Tse, Buda, Confucio, Krishna, Mitra, Zoroastro, Cristo, Mahavira y Mahoma, entre otros muchos iluminados.

—Algunos, quizá los menos, en el Tao puro y duro, sin dioses ni dependencias y falaces ilusiones de la mente, el cuerpo y el alma, y en la búsqueda de la fusión o unión del ser humano con la naturaleza universal para encontrar y seguir el camino verdadero venciendo sin luchar, convenciendo sin hablar, atrayendo sin llamar y siendo verdaderos seres humanos en lugar de una masa acéfala, o animales sin consciencia incapaces de alcanzar ni la más mínima espiritualidad; aunque, y por supuesto por más que parezca una ambigüedad o contradicción, se debe ser solidario, empático y capaz de comprender cada contexto y etapa vital de los seres humanos y de uno mismo, porque, como dijo el Maestro, cada quien tiene su propio sendero.

El Tao desprecia el poder y el gobierno, cualquiera que este sea, pero no deja de saber que es una realidad y una forma de funcionar en el mundo en el que vivimos y que de poco sirve ir en su contra mientras la mayoría acepte, por engaño o por convencimiento y conveniencia de su propia laxitud, pues una sola flor no hace primavera por mucho que embellezca el paisaje.

Hay que hablar, por supuesto, y expresar lo que se siente y lo que se piensa de la mejor manera posible e intentando no ofender ni dañar a nadie, aunque la verdad, ese concepto inasible, suele molestar a muchos y complacer a muy pocos.

Por eso, además de hablar, hay que pensar, meditar y actuar, ser congruente en la acción con lo que se piensa y se siente, porque a las palabras, ofendan o no ofendan, se las lleva el viento fácilmente.

Se puede aprender de todo lo que el mundo nos ofrece, pensamientos, ideas, acciones, construcciones, escuelas, filosofías, e incluso del sinsentido de las religiones, pero una cosa es aprender y otra muy distinta seguir, imitar, abrazar y someterse.

El ser perezoso se somete.

El cuerpo perezoso se somete.

La mente perezosa se somete.

El alma perezosa se somete.

El que sigue los pasos ajenos, se somete.

Solo el no-ser no se somete; aprende, pero no se somete; sigue su sendero con sus propios pasos, no con los ajenos.

Puedes comulgar con otros, entenderlos, comprenderlos, compartir con ellos ideas y sentires, pero ni ellos pueden recorrer el sendero por ti, ni tú puedes recorrer el sendero por ellos.

El Tao es un pensamiento, no una religión.

El taoísmo puede ser una religión, y hasta una forma de recorrer el sendero en ciertas etapas de la vida, pero no puede ser tus pies ni tu pensamiento en la jornada final de la existencia, pues solo la persona individual se enfrentará al Todo y la Nada para fundirse con ellos y seguir su camino, no sabemos cómo ni dónde, pero sí que su no-ser seguirá caminando, cambiando y transformándose, porque en este universo nada está quieto, todo se mueve, vibra, existe y nada se pierde.

SOLOS Y UNIDOS

Estamos todos unidos
en la experiencia de la vida
sobre esta nave
que es nuestro planeta,
y a la vez estamos solos,
individuos que no pueden
caminar por otros
para llegar a su meta.

"Cuando el poder es absurdo, y el absurdo es poder, lo ridículo puede volverse un hábito que todos aplauden."

X
El Tao en la vida diaria

Nada queda porque
a las palabras
se las lleva el viento,
y, a los escritos,
las traducciones
y las interpretaciones.
T'SAO CHAN

El Tao, más que el Taoísmo, se encuentra presente en el cuerpo, la mente y el alma de todos y cada uno de nosotros, que sabemos o intuimos la verdadera dimensión y realidad de las cosas y avatares de la vida diaria, pero que generalmente no nos atrevemos a cuestionar, ya sea por miedo, pereza o incluso por intereses más o menos mezquinos, por lo que creemos y pensamos que es mejor no menear al avispero; algo que el Tao tolera, porque es consciente de las limitaciones de los no-seres (los humanos), pero que no recomienda a los sí-seres, por lo que tiene frases (algunas de ellas aparecidas en el *Tao Te King*) para todos los gustos:

El alma siente, pero no entiende; la mente entiende, pero no siente.

Cuanto más lejos se va en el conocimiento, se descubre que menos se sabe.

Acaba todo lo que empieces, pero no acabes con lo empezado.

Haz las cosas difíciles mientras son fáciles, y haz las grandes cosas mientras son pequeñas.

Nada es imposible si hay un camino para empezarlo.

La vida en el país debe ser tal que las personas no quieran dejarlo.

Nunca huyas cargándote a ti mismo.

Si no aceptas el cambio interno, tampoco aceptarás los cambios externos, y viceversa, porque todo es de ida y vuelta.

Los diferentes sonidos, uniéndose, crean la armonía.

Hasta los más contrarios crean y construyen cuando se complementan

El amor es la más fuerte de las pasiones, ya que ataca al mismo tiempo a la cabeza, al corazón y a los sentidos.

Como el amor, lo más amargo puede convertirse en dulce, y lo más dulce en amargo llanto.

Los caminos pueden ser guías, pero no senderos trazados.

Nadie puede caminar con tus pies.

No sigas caminos ajenos, porque no te llevan a ti mismo.

Las palabras elegantes no son sinceras; las palabras sinceras no son elegantes.

La verdad ofende solo a aquellos que viven en la mentira.

El agua es suave y dócil, pero puede minar y corroer lo más duro. En el vencimiento de lo duro, ella no tiene iguales. Lo suave y lo tierno vencen a lo duro y lo grosero.

El agua se amolda a todo lo que la contiene, sé agua.

Sin posesiones materiales, no hay robo posible.

La violencia, aunque bien intencionada, siempre se vuelve contra uno mismo.

La ira, aunque momentánea, puede arruinar toda una vida.

El que camina a grandes zancadas no irá muy lejos.

Por mucho que corras no llegarás en el mejor momento.

La paciencia acerca lo que parece lejos.

Si eres flexible, te mantendrás recto.

Una sonrisa sincera abre más cofres que una llave maestra.

Por la salud de tu mente y de tu cuerpo, alimenta tu alma con buenos sentimientos.

Quien interfiere en asuntos ajenos y encima habla demasiado de ellos, se gana la desconfianza de los demás.

Si quieres mantener un secreto, no te lo cuentes ni a ti mismo.

Anticipa lo difícil gestionando lo fácil.

El hombre vulgar cuando emprende una cosa, la echa a perder por tener prisa en terminarla.

No esperes cosecha inmediata de lo que acabas de sembrar.

Da y tendrás en abundancia.

Si eres generoso contigo mismo, sabrás ser generoso con los demás.

En el centro de tu ser tienes la respuesta; sabes quién eres y sabes lo que quieres.

No busques al maestro fuera de tu ser interno. Escucha al sabio, pero sigue siempre tu propio sendero.

El conocimiento es un tesoro, pero la práctica es la clave de hacer de él algo útil y concreto.

De nada sirven los grandes conocimientos si no los transmites y los compartes con los demás.

Deja de pensar y solo pensar, actúa y termina con tus problemas.

Suponer de más, es obsesionarse y pensar de menos.

Cuando te des cuenta de que lo que haces a otro,

te lo haces a ti mismo, habrás entendido una gran verdad.

Toda acción provoca reacciones.

Deja en paz el avispero, y las avispas te dejarán en paz.

La amabilidad en palabras crea confianza. La amabilidad en el pensamiento crea profundidad. La bondad de dar crea amor.

El que todo lo juzga fácil encontrará la vida difícil.

Una sola palabra hiriente puede dañar más que una espada.

El que sabe atar no usa cuerdas ni nudos, y, sin embargo, nadie puede desatar lo que él ha unido.

Un viaje de diez mil tramos comienza siempre con el primer paso.

La persona sabia no ambiciona el poder y evita la opulencia, el lujo y la prodigalidad, pues sabe que son cargas, no ganancias.

Que tu cuerpo y tu alma vital estén unidos en un abrazo eterno.

La ignorancia y la ingenuidad te conducen a senderos escabrosos.

Observa todo lo blanco que hay en torno tuyo, y agradécelo; pero recuerda todo lo negro también existe.

El que está satisfecho con lo que tiene, mucho o poco, siempre es rico.

Todo lo que se disfruta sanamente, es riqueza.

La perfección del que imparte órdenes, es ser pacífico; del que combate, carecer de cólera; del que quiere vencer, no luchar; del que se sirve de los hombres, ponerse por debajo de ellos.

Sé humilde sin que te humillen.

Para saber conducir a la gente, primero hay que caminar detrás de ella.

El respeto conlleva el bienestar propio y ajeno.

Sin bienestar ni paz, no hay verdadero proceso creativo.

Si no tienes un rincón de paz, estarás en permanente guerra.

No desprecies a los demás por son el reflejo de lo que desprecias de ti mismo.

El silencio es una fuente de gran fuerza.

Hablar de más es conocer y saber de menos.

Hablar mal de los demás, es hablar peor de ti mismo.

Todos los hombres son semejantes ante la muerte.

Una verdad no es un consejo, y un consejo no siempre es una verdad.

Aunque no haga nada en absoluto, todo ser vive mientras no muere.

La vida no es lo que piensan, sienten o hacen los demás, la vida es lo tú piensas, sientes o haces.

Dominar a otros es fortaleza; pero el dominio sobre uno mismo es el verdadero poder.

Quién se somete a tus caprichos no te hace poderoso, te hace inútil y ridículo.

El buen hombre es el maestro del malo, y el mal hombre es la lección del bueno.

Enseña con el ejemplo más que con la palabra, y serás bien seguido.

Si no puedes avanzar una pulgada, retrocede un pie.

Lo que le da su valor a una taza de barro es el espacio vacío que hay entre sus paredes.

Tu mayor valor es estar vivo, y tu más grande tesoro, el tiempo.

No hay mayor peligro que subestimar a tu oponente.

La vida puede ser un camino de rosas, pero recuerda que hasta las más hermosas rosas tienen espinas.

Todo lo difícil debe intentarse mientras es fácil.

Paso a paso y poco a poco, no hay carga ni lejanía imposibles.

Aquel que conoce a las personas es razonable y cauto. Aquel que se conoce a sí mismo es iluminado y sabio.

El que mucho promete rara vez cumple su palabra.

Prometer y mentir es fácil, cumplir y decir la verdad es lo difícil.

El hombre sabio que ha conocido su esencia superior no se entrega al narcisismo ni se enaltece.

No hay que verter agua en un vaso lleno.

No tiene ningún sentido afilar demasiado la hoja de un cuchillo.

No des a quien le sobra, ni le pidas a quien no tiene.

Solo zarzas y espinos crecen en el lugar donde acampan los ejércitos.

Es peor el que paga para matar, que el mercenario que cobra por hacerlo.

La guerra es la lacra de la humanidad.

No hay espiritualidad posible ante la bajeza humana.

No te quejes por sufrir, que así aprendes a socorrer.

Quien conoce el camino, sabe las piedras que hay en él.

Existencia e inexistencia, lo difícil y lo fácil, lo largo y lo corto, lo alto y lo bajo, permiten conocer lo uno y lo otro para ascender en lugar de caer.

Tropezar con una piedra y no quitarla del camino, es volver a tropezar con ella.

Grandes actos se componen de pequeñas obras.

Quien no aprecia lo pequeño, se deslumbra con lo grande.

El sabio siempre gana, porque no compite.

Los premios son para los animales, porque así aprenden a ser sumisos y cobardes.

Las palabras de la verdad son siempre paradójicas.

Cuida tus palabras, porque incluso la más elevada y hermosa verdad puede condenarte.

Es mejor permanecer en silencio ante la gente que adora y se postra ante la mentira.

Con buenas palabras se puede negociar, pero para que la sociedad funcione se requieren buenas obras.

No hables cuando debas callar, ni calles cuando debas hablar.

La confianza se fundamente en los hechos, no en las palabras.

El que sabe que lo suficiente es suficiente, siempre sabrá tener suficiente con lo suficiente.

No pidas ni desees aquello con lo que no puedes cargar.

Es más rico el que va ligero de equipaje, que el que va cargado de fardos.

Saber que no se sabe, eso es sabiduría y humildad. Pensar que uno sabe lo que no sabe, eso es fanfarronería y enfermedad.

Si tienes que luchar, lucha; pero si no tienes que hacerlo, ganarás esa batalla.

Cuando nadie tiene la razón, es un lujo la posibilidad de ser indiferente.

No compres bien por mal, ni mal por bien, nadie regala lo que vende.

Si nada te conviene ni te convence, no tomes partido.

No hagas nada solo por quedar bien.

El mejor luchador nunca se enfada.

Ser profundamente querido por alguien te da

fortaleza, y querer profundamente a alguien te da valor.

Si no cambias la dirección, puedes terminar exactamente dónde has comenzado.

Una hormiga en marcha hace más que un buey durmiendo.

El hombre sabio no acumula. Cuanto más ayuda a los otros, más se beneficia él mismo. Cuanto más da a los otros, más obtiene él mismo.

El sabio no enseña con palabras, sino con actos.

Un buen guardián no necesita rejas ni cerrojos, y, sin embargo, es imposible abrir lo que él cerró.

El que sabe no habla, el que habla no sabe.

No vayas contra lo que es justo para conseguir el elogio de los demás.

Gana más el que da el premio, que el que lo recibe.

Cuando no te cobran nada, tú eres la mercancía.

Un buen caminante no deja huellas.

Si das pescado a un hombre hambriento, le nu-

tres una jornada. Si le enseñas a pescar, le nutrirás toda la vida.

La palabra adornada no es sincera.

Cuando dejo de ser lo que soy, me convierto en lo que podría ser.

La manera de hacer es ser, y la manera de hacer, es ser.

He aquí mis tres tesoros. Guárdalos bien. El primero es la piedad; el segundo, la frugalidad; el tercero, la negativa a ser la primera de todas las cosas bajo el cielo.

El valor de un acto se juzga por su oportunidad.

Todos somos valientes y todos somos cobardes en un momento dado.

Una cosa es el valor, y otra cosa es el arrojo por irreflexión e inconsciencia.

Cuando estás contento con ser simplemente tú mismo y no te comparas o compites, todo el mundo te respeta.

Gobierna mejor quien gobierna menos.

Si practicas la equidad, aunque mueras no perecerás.

Si das limosna para sentirte superior, es mejor que no la des.

Si das limosna para sentirte bien o pagar tus culpas, es mejor que no la des.

Ceremonia de la limosna en China

Si das limosna de corazón y por ayudar realmente al que pide, harás un doble bien.

Recuerda que, si das limosna a uno, al final tendrás que dar limosna a varios.

Poca fe se otorga a los que tienen poca fe.

Una cosa es la fe y la confianza, y otra cosa es la ingenuidad y la ignorancia.

Un hombre con coraje externo se atreve a morir; un hombre con coraje interior se atreve a vivir.

Lo conseguido ya está conseguido, no te contentes, sigue buscando.

No hay otra vida para recibir indultos o pagar pecados, porque ni siquiera en esta vida el bueno es premiado por su bondad, ni el malo es castigado.

No sabemos cómo empezó todo esto, y sin embargo somos capaces de acabarlo.

Sentir, pensar y hacer, todo debe ser congruente y estar en el mismo plano.

Qué había antes del cielo, la tierra, las estrellas y el universo, no lo sé ni lo intuyo, ni lo especulo, pero espero algún día saberlo.

El que habla de lo que no sabe, en realidad no está diciendo nada.

No hay sendero equivocado, porque solo tienes dos pies y un cuerpo que marcan el movimiento de tus pasos.

La sabiduría es sencilla: si no sabes algo, pregunta.

No pretendas gloria ni reconocimiento por los pasos que das en esta vida, porque sin gloria ni reconocimiento igualmente los hubieras dado.

Incluso sentado, acostado o durmiendo, estás en movimiento y dando tus propios pasos.

Construye tu propio mundo, pero sé consciente de que tienes muchos otros mundos a tu lado.

No vayas en contra de nadie, pero ve siempre a tu favor.

Equivocado o acertado, siempre seguirás caminando.

Todos viven, pero nadie sabe exactamente lo que es vivir, así que vive como quieras y puedas lo mejor posible en este mundo.

Frases, poemas y hasta breves relatos Tao, algunas de un Lao Tse mítico, otras del *Tao Te King*, unas más del taoísmo, otras del sentido común de los taoístas que me han aconsejado y acompañado en la confección de este libro; no faltan las de aire budista, otras de origen grecorromano, y, por supuesto, también las provenientes de las tradiciones zen, budista y confucionista.

Frases sabias que caben en casi todas las vidas de los seres humanos que pisan y han pisado este planeta desde hace muchos miles de años, porque esencialmente el ser humano no ha cambiado mucho desde las primeras etapas de la civilización.

Cada frase para cada etapa y contexto de la vida, diría Lao Tse, porque cada etapa y contexto vitales requieren de una sabiduría particular.

Al sabio y experimentado no le sirve frase alguna, porque ya lo sabe casi todo de esta vida.

Al soberbio y al necio no le sirve frase alguna, porque no hará caso de ninguna porque se cree inferior o superior al resto.

Al resto sí nos pueden servir, incluso iluminar y guiar, hacernos reflexionar, quizá reír o sonreír al sentirnos identificados, y encauzarnos en profundizar tanto en el Tao como en la sabiduría cotidiana de la vida.

Un buen texto, o por lo menos que nos agrade y se identifique con nosotros, puede ser desde un tesoro hasta un buen compañero, un amigo con el que podemos charlar cada vez que lo leemos.

En esta vida hemos venido a pasear y a contemplar, como dice el zen tradicional, pero también a conocer, aprender y crear, como apunta el Tao, siguiendo nuestro propio Sendero, un camino o vía donde encontraremos prácticamente de todo y podremos más o menos escoger lo que nos atraiga o guste de ese camino, para estudiarlo, practicarlo, construirlo o ponerlo en marcha, y hasta para observarlo, apreciarlo, disfrutarlo o apartarlo de nuestro sendero porque no nos agrada o no se ajusta a nuestro Tao.

El Tao es, por tanto, para la vida diaria y no solo para monjes y creyentes retirados en alguna Montaña Sagrada.

Epílogo
Vivir en el Tao

Si estás vivo,
no te queda más remedio
que vivir,
esa es la verdad
y esa es la respuesta.

¿Qué es la vida?

Le preguntó un discípulo a Lao Tse.

No lo sé, contestó el maestro.

¿No lo sabes? ¿De verdad no lo sabes? O es que no me lo quieres decir.

No lo sé, si lo supiera te lo diría.

Entonces no eres un maestro, dijo el alumno airado, ¡sino un ignorante!

Así es, respondió con humilde sinceridad Lao Tse, y espero seguir siéndolo, porque de otra manera ya no podría aprender.

El discípulo se sintió desconcertado, y tardo solo veinte años en comprender lo que el Maestro le había dicho.

¿Tan difícil es reconocer que no se sabe algo?

No todo tiene respuesta.

No todo es conocido y claro.

No saber es una forma de intentar aprender.

Saberlo todo y tener respuesta para todo, es torpe vanidad, no conocimiento.

Incluso lo aprendido y bien aprendido hay que ponerlo en remojo, repensarlo, analizarlo, repetirlo, experimentarlo para saber si es más o menos cierto, o más o menos errado.

Reconocer que no se sabe todo, que no se tienen todas las respuestas adecuadas ni certeras a los múltiples cuestionamientos que nos van saliendo al paso, no es ningún desdoro, sino todo lo contrario, aunque la sinceridad tenga poco aprecio desde que el hombre se cree ser humano.

Entonces:

¿De qué estamos hablando cuando hablamos del Tao?

¿Es cierto lo que dice el Tao?

¿Es falso lo que dice el Tao?

¿Es solo una especulación más como tantas otras?

La única manera de comprobarlo es poniéndolo en remojo, pensarlo, repensarlo, repetirlo, experimentarlo y observar los resultados.

En el Tao, decía Lao Tse, no se pueden tener las certezas que tenemos en la vida actual y en sus diferentes campos, porque todo lo que se puede nombrar no es más que una pálida sombra de lo que en realidad es, por tanto, para saber si estás o no en el Tao:

—Creer no es suficiente.

—Tener fe no es suficiente.

—La humildad y la bondad no son suficientes.

—Leer el Tao Te King, no es suficiente.

—Asistir a un culto o escuela taoísta, no es suficiente.

—Comulgar con otros seguidores del Tao, no es suficiente.

—Imitar no es suficiente.

—La fuerza de voluntad no es suficiente.

—La administración de recursos de cuerpo, mente y alma, no es suficiente.

—El aprender y el enseñar no es suficiente.

—El amor en sus distintas dimensiones, no es suficiente.

—El servicio y la hospitalidad no son suficientes.

—El ego y la vanidad, expresos o desapegados, no son suficiente.

—El poder y la riqueza no son suficientes.

—La armonía y la belleza no son suficientes.

—La muerte y los cambios radicales de vida, no son suficientes.

—La espiritualidad, y mucho menos el fanatismo, son suficientes.

—El llegar a lo más alto, no es suficiente.

—La claridad intelectual no es suficiente.

—La fama y la gloria no son suficientes.

—El ser bueno y ayudar a los demás, no es suficiente.

—La generosidad y el altruismo no son suficientes.

—El impulso ciego, o vidente, no es suficiente.

—La imaginación no es suficiente.

—Los sueños, grandes o pequeños, no son suficientes.

—Sentirse impresionado, iluminado o asombrado, no es suficiente.

—Meditar en un habitáculo zen no es suficiente.

—La sabiduría no es suficiente.

—El conocimiento, no es suficiente.

—La aspiración no es suficiente.

—El deseo no es suficiente.

—La iluminación o epifanía, no es suficiente.

—Hacer ejercicios de Tai Chi, no es suficiente.

—Realizar viajes astrales, no es suficiente.

—Darte cuenta de que eres espíritu además de cuerpo, mente y alma, no es suficiente.

—Subir una montaña alta, escarpada y sagrada para llegar a un templo, no es suficiente.

—Repetir no es suficiente.

—Negar no es suficiente.

—Una sesión de apasionado Tantra Yoga, no es suficiente.

—Una vida entera de dedicación al Tao o al taoísmo, no es suficiente.

—Curiosamente, muchas veces con el simple hecho de nacer en este planeta ya es más que suficiente para ser y estar en el Tao.

Sí, porque el Tao no es otra cosa que el camino, el sendero, la calle, la vía, la carretera, el atajo, el movimiento, en fin, la vida misma, y puede ser espiritual o místico, lo mismo que sencillo y rústico, lleno de baches o plano y sin sobresaltos, con restricciones y fronteras, o abierto y amplio; represivo o rebelde; tenebroso o luminoso; con trampas y engaños, o sin trampas ni engaños; doloroso y enfermo, o fuerte y sano.

Caminos hay miles y senderos hay miles de millones, pero todos son Tao.

Todos llegarán a su destino, incluso los que parece que se han quedado quietos o estancados, porque la y el planeta se siguen moviendo, nada se detiene, nada está en el cero absoluto del no movimiento, y así, incluso sin quererlo, se siguen dando los pasos sobre el sendero particular.

El Tao no es otra cosa que el Sendero que todos y cada uno de nosotros recorremos todos los días de nuestra vida, muchas veces sin darnos cuenta y llenos de fe y de creencias, e incluso de amor y bondad, que no logran llenar nuestros vacíos internos.

Lao Tse, su fundador, nos dice que todo aquello que se puede nombrar no es más que una pálida sombra de lo verdadero, que más que buscarlo e intentar comprenderlo, hay que caminar sobre él de manera consciente, y lo demás se dará por sí solo, porque de hecho el Todo y la Nada están y son y no-son desde un principio en nuestro sendero.

Si sigues el Tao, tu propio sendero, podrás vivir cien años con perfecta salud y hacer el cambio a otra existencia satisfecho, o satisfecha, sin temor y en completa armonía y tranquilidad.

El Tao, de la niñez a la ancianidad

No hace falta saberlo ni creerlo, con ser consciente de que estás en el Tao, tu propio Sendero, es tanto como ser consciente de que ya estás en la Eternidad.

Los pasos que hay que dar en esta vida son sencillos:

—*Haz lo que tengas que hacer.*

—*Siente lo que tengas que sentir.*

—*Piensa lo que debas pensar.*

—Habla solo lo que tengas que hablar.

—Ejercita tu cuerpo todos los días.

—No te olvides ni de meditar ni de caminar.

—No temas a nada ni a nadie.

—Aprende, pero sigue tu propio camino.

—No creas nada ciegamente, comprueba.

—No manipules ni te dejes manipular.

—Procura no dañar a nadie ni a nada.

—No comas ni bebas de menos ni de más.

—Mantente libre de cargas superfluas.

—Se consciente de tu vida tanto como de tu respiración.

—Comparte, pero no cedas.

—Colabora, pero no te vendas.

—Disfruta de lo que tienes y no anheles inútilmente lo que no tienes.

—Sé generoso si te apetece, pero no des por dar o por quedar bien ante los demás.

—Sonríe, sé amable.

—Rechaza con firmeza y sinceridad lo que no te agrade o lo que no desees.

—Dale al cuerpo lo que necesita el cuerpo, ni de menos ni de más.

—Dale a la mente lo que necesita la mente.

—Dale al alma lo que necesita el alma.

—Sigue el camino de en medio, el del equilibrio y la armonía, y el espíritu vendrá a ti sin que tengas que llamarlo.

—Respeta a los demás, pero sobre todo respétate a ti mismo

—Y no engañes a nadie ni te dejes engañar por conveniencia, ignorancia o ingenuidad. Si te equivocas, rectifica. Si puedes reparar un daño, repáralo.

Simple y llanamente, vive lo mejor y más sano que puedas y sepas, porque al vivir caminas por el Tao sin tropezar ni cansarte hasta el final de los finales que en realidad nunca tiene un final, sino transformación y trascendencia.

Como dijo Tagore: *"Andar es tanto levantar el pie como bajarlo al suelo"*, y vivir es tanto como andar.

Eso es el Tao, y lo demás es lo demás.

ÍNDICE

Prólogo: El Todo y la Nada 7

Introducción: ¿Qué es el Tao? 15

I: Lao Tse, el fundador del taoísmo 21

II: El Tao y el amor 37

III: El Tao y la abundancia 63

IV: El Tao y la salud 85

V: El Tao, política y pensamiento 107

VI: El Tao y el alma 135

VII: El Tao y el espíritu 149

VIII: La vida y la muerte en el Tao 163

IX: El Tao en nuestros días 177

X: El Tao en la vida diaria 191

Epílogo: Vivir en el Tao 211